KB068038

정석 모르고
바둑 두지 마라

전원바둑연구실 지음

전원문화사

바둑은 크게 세 단계로 분류됩니다. 바둑의 기본 골격을 결정짓는 초반전이 첫 번째 단계이고, 각종 전투와 접근전을 통해 영토를 확정짓는 중반전이 두 번째 단계입니다. 그리고 마지막 세 번째 단계는 영토를 확실하게 마무리 지은 후 승패를 결정짓는 종반전입니다.

그런데 첫 번째 단계인 초반전에서 가장 중요하게 작용하는 것이 바로 정석입니다. 정석이 중요한 이유는 한 판의 바둑을 두다 보면 반드시 정석이 등장하기 때문입니다. 결국 정석을 모르고서 초반전을 설계한다는 것은 나침반 없이 드넓은 바다를 항해하는 것이나 다름없는 것입니다.

바둑을 둘 때 정석이 차지하는 비중이 큰 만큼 연구가 가장 활발하게 이루어지는 분야 또한 정석이라고 할 수 있습니다. 정석은 유행하는 포석의 흐름에 편승해서 발전하는 것이 보통인데, 요근래에는 힘과 속도를 바탕으로 한 중앙 중심의 세력형 포석이 주류를 이루고 있습니다. 이 흐름에 편승해서 가장 많은 변화를 가져온 정석은 바로 화점 정석입니다. 소목이나 외목, 고목 등의 정석도 전혀 연구가 없는 것은 아니지만 화점에 비해서 그 비중이 떨어진다고 볼 수 있습니다.

이 책에 등장하는 정석들은 요근래 실전에서 가장 많이 등장하는 정석 유형들만을 수록한 것입니다. 서점에 나와 있는 기존의 정석책들이 대부분 유행에 뒤떨어진 옛 정석들을 수록하고 있는 현실을 고려할 때 이 책을 가지고 정석을 공부하는 것이야말로 살아 있는 정석을 공부하는 것이라고 할 수 있습니다.

끝으로 이 책이 나오기까지 수고해 주신 편집국 식구 여러분들과 전원문화사 김철영 사장님께 감사의 말씀을 전합니다.

전원바둑연구실

정석 모르고 바둑 두지 마라

날일자 받음

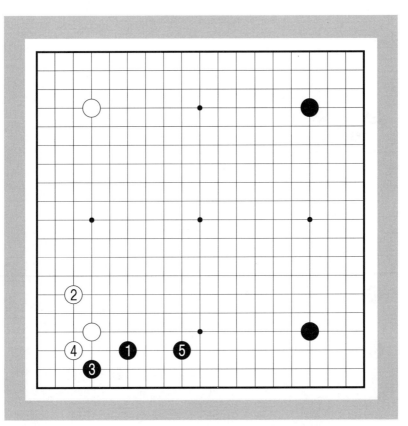

흑❶로 걸쳤을 때 백②로 날일자한 것은 간명한 처리 방법. 계속해서 흑❸으로 날일자하고 백④, 흑❺까지가 기본 정석이다.

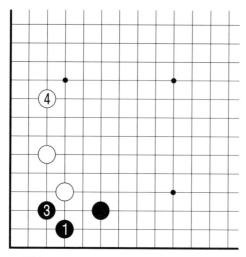

그림1

그림1(백의 선택)

흑❶로 날일자했을 때 백은 귀를 받지 않고 손을 빼는 수도 가능하다. 흑❸으로 실리를 차지한다면 백④로 두 칸 벌려 안정을 도모하는 것은 필수이다.

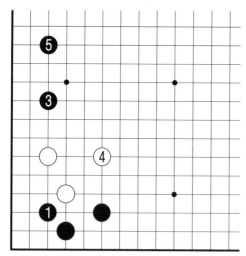

그림2

그림2(백, 미생마)

흑❶ 때 또다시 손을 빼는 것은 생각하기 힘들다. 흑❸으로 다가서는 것이 통렬한 급소로 백④, 흑❺까지 백이 불리한 형태이다.

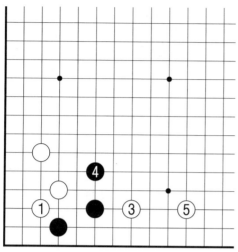

그림3

그림3(흑, 미생마)

백①로 받았을 때 흑도 손을 빼면 안 된다. 백③으로 다가선 후 흑❹ 때 백⑤로 두 칸 벌리면 흑만 일방적으로 쫓기는 신세가 된다.

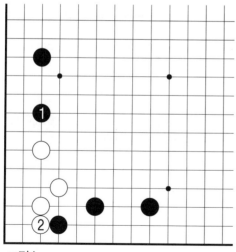

그림4

그림4(정석 이후)

정석 이후의 변화이다. 흑❶로 다가서는 것이 귀의 뒷맛 관계상 선수가 된다. 백은 ②로 받는 것이 집으로도 크면서 안정을 돌보는 좋은 곳이다.

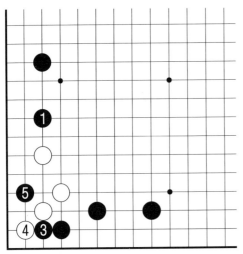

그림5

그림5(흑의 노림)

흑❶로 다가섰을 때 백이 손을 빼면 흑❸으로 밀고 들어가는 것이 급소가 된다. 백④로 막는다면 흑❺로 치중하는 것이 흑의 노림이다.

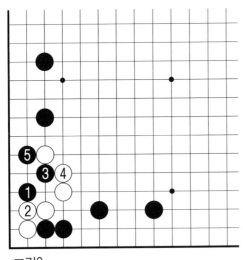

그림6

그림6(백, 미생마)

흑❶로 치중했을 때 백②로 잇는다면 흑❸, ❺로 넘어서 백 전체가 미생마가 된다. 이처럼 일방적으로 쫓기는 신세가 되면 백이 불리하다.

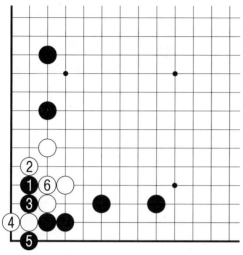

그림7

그림7(백의 반격)

흑❶로 치중했을 때 백②로 마늘모 붙이는 것이 백으로선 반격 수단이다. 계속해서 흑❸으로 끊었을 때 백④로 내려서는 것이 백의 준비된 저항 수단. 계속해서 흑❺로 젖힌다면 백⑥으로 이어서 흑이 잡히고 만다.

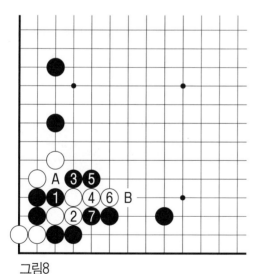

그림8

그림8(흑의 수순)

흑은 ❶로 단수친 후 ❸으로 젖히는 것이 좋은 수순이다. 백④로 달아난다면 흑❺, 백⑥을 선수한 후 ❼로 이어서 백이 곤란한 모습이다. 이후 흑은 A에 잇는 수와 B에 단수쳐서 축으로 잡는 수를 맞보기로 노리고 있다.

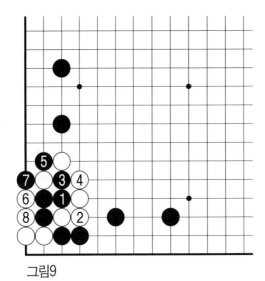

그림9

그림9(흑, 죽음)

흑❶, 백②ㅐ 때 흑❸으로 두는 것은 수순 착오. 백④ 때 흑❺로 단수치겠다는 것이 흑의 의도이지만 백⑥, ⑧이면 연단수로 잡히고 만다.

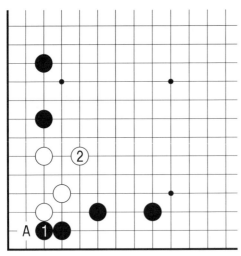

그림10

그림10(백의 대응)

흑❶로 밀었을 때 백은 축이 불리하다면 ②로 한 칸 뛰어 달아날 수밖에 없다. 그러나 근거 없는 미생마 신세인 만큼 백은 앞을 기약할 수 없다.

변을 중시한 협공

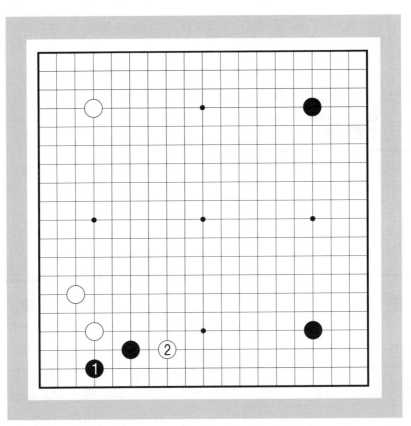

흑❶로 날일자했을 때 백②로 협공한 것은 변과 중앙을 중
시하겠다는 뜻이다. 그럼 백② 이후의 정석 진행을 살펴본
다.

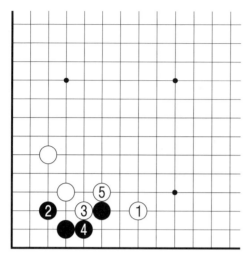

그림1

그림1(정석)

백①로 협공하면 흑은 ❷로 두어 실리를 차지하는 한 수이다. 계속해서 백은 ③으로 마늘모 붙인 후 ⑤로 호구쳐서 세력을 구축하는 것이 요령이다.

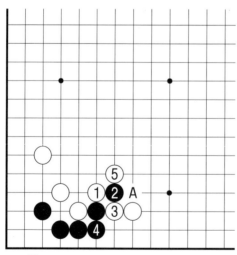

그림2

그림2(축머리 활용)

백①로 호구치면 흑은 ❷로 젖혀서 백의 응수를 묻는 것이 좋은 수이다. 백은 ③, ⑤로 단수쳐서 흑 한 점을 축으로 잡게 된다. 이후 흑은 A의 축머리를 활용할 수 있다는 것이 장점이다.

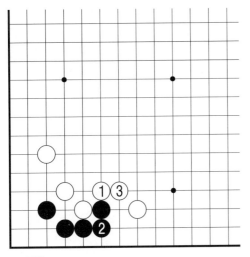

그림3

그림3 (백, 충분)

백①때 흑❷로 잇는 수도 있지
만 흑으로선 약간 불만족스럽
다. 백③으로 뻗게 되어서는 더
이상 활용의 여지가 없다.

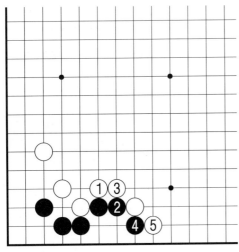

그림4

그림4 (흑의 속수)

백①로 젖혔을 때 흑❷로 뻗는
것은 대악수이다. 백③때 흑❹
로 젖히겠다는 뜻이지만, 백⑤
로 이단젖히는 호착이 준비되어
있다.

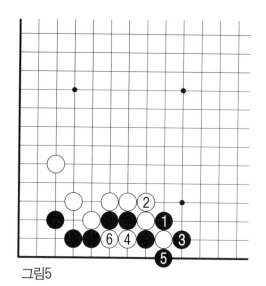

그림5

그림5 (흑, 망함)

백의 이단젖힘에 대해 흑❶, ❸
으로 단수쳐서 백 한 점을 잡는
것은 좋지 않다. 백④, ⑥이면
흑은 얻은 것보다 잃은 것이 많
은 모습이다. 이 결과는 흑이
망했다.

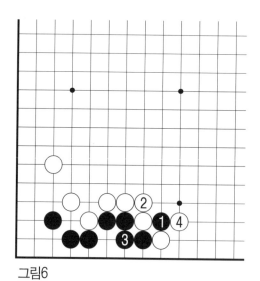

그림6

그림6 (흑의 차선책)

흑은 ❶로 단수친 후 ❸으로 잇
는 정도이다. 그러나 백④까지
흑 한 점이 축으로 잡혀서는 기
본 정석과 비교할 때 흑이 불리
한 모습이다.

16

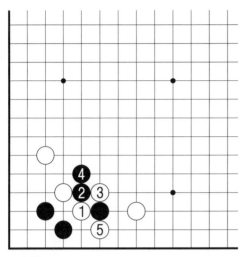

그림7

그림7(흑의 속임수)

백① 때 흑❷로 마늘모 붙이는 수는 속임수의 일종이다. 이때는 백③, ⑤로 단수쳐서 흑 한 점을 잡는 것이 가장 알기 쉬우면서도 간명한 응수법이다.

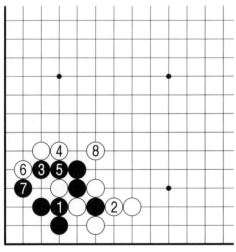

그림8

그림8(백, 충분)

그림7 이후 흑은 ❶로 단수친 후 ❸으로 장문 씌워 백 한 점을 잡는 정도이다. 백은 ④, ⑥을 선수한 후 ⑧로 씌워서 세력을 구축하면 충분한 모습이다.

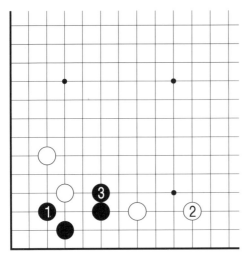

그림9

그림9(백, 불만)

흑❶로 두었을 때 백이 중앙을 봉쇄하지 않고 ②로 두 칸 벌리는 것은 좋지 않다. 흑❸으로 차단하면 백은 좌우로 갈린 모습이라 불만이다.

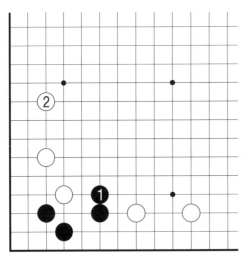

그림10

그림10(백, 후수)

흑❶로 좌우 백을 분단시키면 백은 ②로 두 칸 벌려 안정을 서둘러야 한다. 이 곳을 흑에게 허용하면 백 두 점이 미생마로 몰리게 된다.

강력한 옆구리 붙임

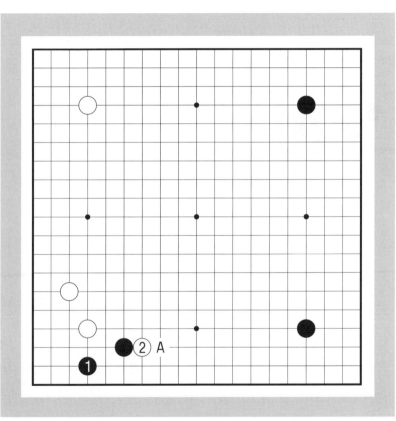

흑❶로 날일자했을 때 백②로 붙인 수는 현대에 와서 개발된 수법. 백②는 A에 협공하는 수와 비슷한 의미의 수단이라고 볼 수 있다. 그럼 백② 이후의 변화를 검토해 보기로 한다.

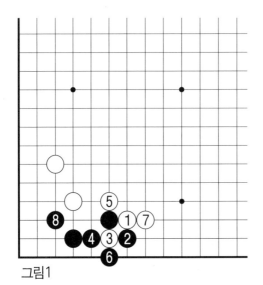

그림1

그림1(백, 두터움)

백①로 붙였을 때 흑❷로 젖히는 수는 한 가지 응수 방법이다. 계속해서 백은 ③으로 끊는 것이 맥점. 흑이 ❹로 단수친다면 이하 백⑦까지 처리해서 백이 두터운 모습이다.

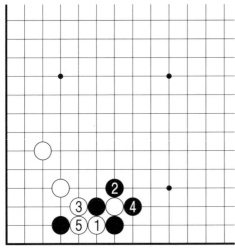

그림2

그림2(흑, 만족)

백①로 끊으면 흑은 ❷로 단수치는 것이 정수이다. 이때 백③, ⑤는 성급한 수단으로 흑❹로 빵때려낸 흑이 유리한 결말이다.

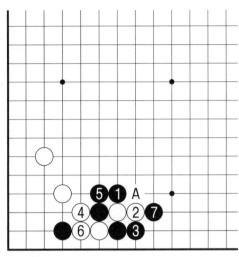

그림3

그림3 (백의 수순)

흑❶로 단수치면 백은 일단 ②로 나가는 한 수이다. 계속해서 흑❸으로 둘 수밖에 없을 때 백 ④, ⑥으로 분단시키는 것이 요령. 흑❼까지가 기본 정석인데 백은 이후 A의 축머리를 활용할 수 있다는 것이 그림2와의 큰 차이점이다.

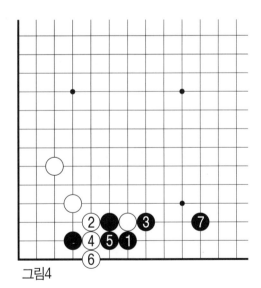

그림4

그림4 (백의 변화)

흑❶로 젖혔을 때 백은 ②로 마늘모 붙이는 수도 가능하다. 계속해서 흑❸으로 단수치고, 이하 흑❼까지가 정석으로 되어 있다.

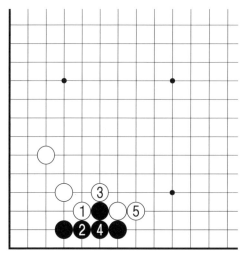

그림5

그림5 (백, 만족)

백① 때 흑❷로 받는 것은 좋지
않다. 백은 ③으로 단수치는 것
이 기분 좋은 선수 활용이 된
다. 흑❹ 때 백⑤로 뻗으면 이
결과는 백이 우세하다.

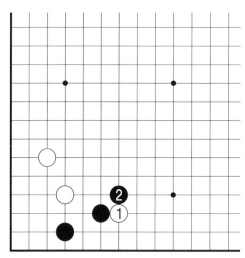

그림6

그림6 (또 다른 변화)

백①로 붙였을 때 흑❷로 젖히
는 것이 보다 보편적인 응수법
이다. 이 역시 기본 정석에 해
당하는데, 이후의 변화를 살펴
보기로 한다.

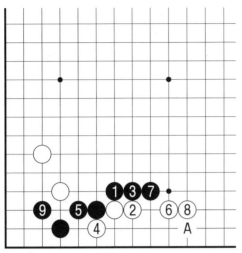

그림7

그림7 (정석)

흑❶로 젖히면 백은 ②로 뻗는 한 수이다. 계속해서 흑❸으로 밀었을 때 백④는 긴요한 선수 활용이며, 이하 흑❾까지가 필연적인 수순이다. 수순 중 백⑧로는 A에 두는 수도 가능하다.

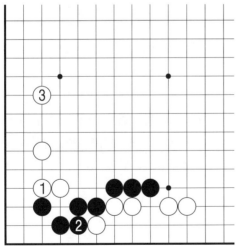

그림8

그림8 (정석 마무리)

그림7에 이어 백은 ①로 막는 것이 선수가 된다. 흑❷는 끊기는 약점을 보강한 것이며, 백③으로 두 칸 벌려 정석이 일단락된다.

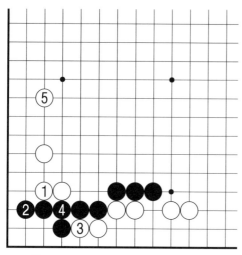

그림9

그림9 (흑의 욕심)

백①로 막았을 때 흑②로 내려
서는 것은 지나친 욕심이다. 백
은 ③으로 찔러 선수하는 것이
요령이다. 흑④로 잇는 것을 기
다려 백⑤로 전개하면 백이 우
세한 결말. 흑은 귀가 아직 미
생마라는 것이 불만이다.

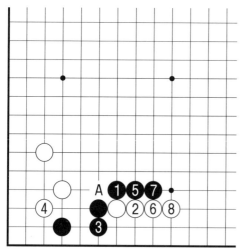

그림10

그림10 (흑, 불만)

흑❶, 백② 때 흑❸으로 내려
서는 것은 좋지 않다. 백은 ④
로 귀를 지키는 것이 좋은 수.
흑❺, ❼로 중앙을 두텁게 해
도 흑은 여전히 A의 약점이 부
담으로 남아 있다.

붙이고 되젖힘

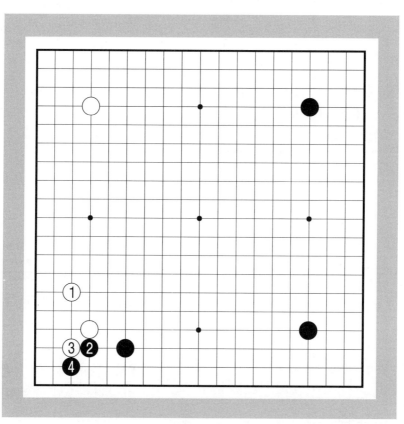

백①로 날일자했을 때 흑❷로 붙인 후 백③ 때 흑❹로 되젖힌 것은 적극적으로 형태를 정비하겠다는 뜻이다. 이 수역시 정석에 있는 수단인데, 이후의 정석 변화를 검토해 본다.

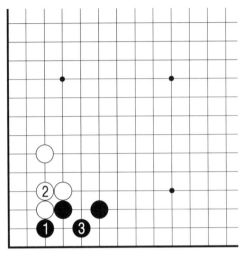

그림1

그림1(정석)

흑❶로 되젖혔을 때 가장 간명한 응수법은 백②로 잇는 것이다. 흑은 ❸으로 호구쳐서 형태를 정비하게 되는데, 기본 정석에 해당한다.

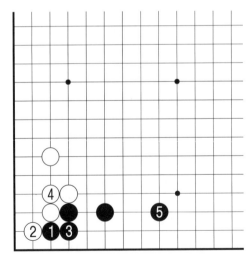

그림2

그림2(백, 불만)

흑❶로 젖혔을 때 백②로 이단 젖히는 것은 기백에 너무 지나친 수이다. 흑❸으로 잇고 나면 백④로 이어야 하는데, 흑❺로 두 칸 벌려서 그림1에 비해 흑이 활발한 모습이다.

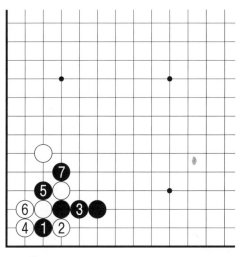

그림3

그림3(백, 속수)

흑❶로 젖혔을 때 백②, ④로 단수쳐서 흑 한 점을 잡는 것은 전형적인 속수의 표본이다. 흑❺, ❼까지 백 한 점이 축으로 잡혀서는 백의 손해가 크다.

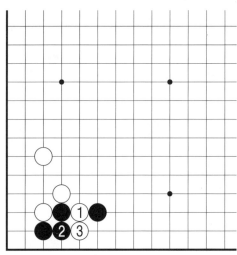

그림4

그림4(세력을 중시)

흑의 젖힘수에 대해 백①로 단수친 후 ③으로 막는 수도 성립한다. 이 수는 귀의 실리보다는 변과 중앙을 중시해서 세력 작전을 펼치고자 할 때 유력한 수단이다.

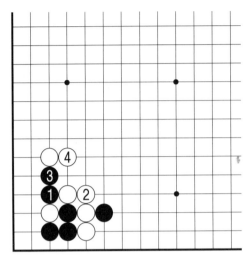

그림5

그림5(정석)

그림4에 계속되는 진행이다. 흑❶로 단수치는 수는 한 가지 처리 방법. 계속해서 백은 ②로 잇는 두터운 수단으로 흑❸, 백 ④까지가 기본 정석으로 되어 있다.

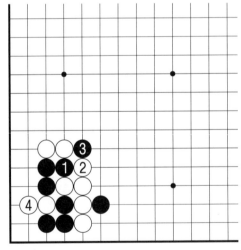

그림6

그림6(무리한 절단)

정석 이후 흑이 ❶, ❸으로 절단을 강행하는 수는 성립하지 않는다. 백④로 뻗는 순간 흑이 도리어 잡히고 만다.

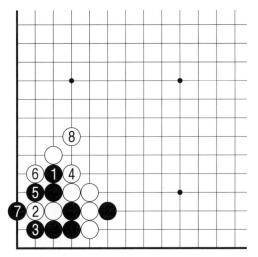

그림7

그림7(또 다른 수순)

흑❶ 때 백②로 내려서서 형태를 결정짓고 두는 수도 성립한다. 계속해서 흑❸으로 막고 이하 백⑧까지가 기본 정석이다.

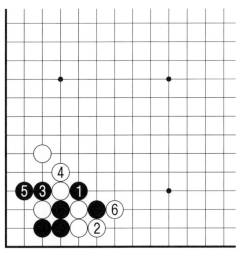

그림8

그림8(정석)

흑은 ❶로 끊어서 백의 응수를 물을 수도 있다. 계속해서 백은 ②로 두는 것이 좋은 수이며, 이하 백⑥까지가 기본 정석이다. 이 형태는 쌍방 둘 만하다.

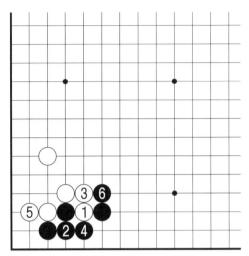

그림9

그림9 (흑, 충분)

백①, 흑❷ 때 백③으로 잇는 수도 가능하다. 이 수는 귀의 실리를 차지하고자 할 때 가능한 수단. 계속해서 흑❹로 넘고 백⑤, 흑❻까지가 기본형인데, 흑으로선 충분히 둘 수 있는 모습이다.

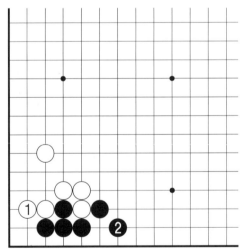

그림10

그림10 (호구 이음)

백①로 뻗었을 때 흑은 그림9처럼 처리하지 않고 ❷로 호구쳐서 두는 수도 가능하다. 흑❷는 안정에 주안점을 두는 수단이라고 할 수 있다.

능률적인 벌림

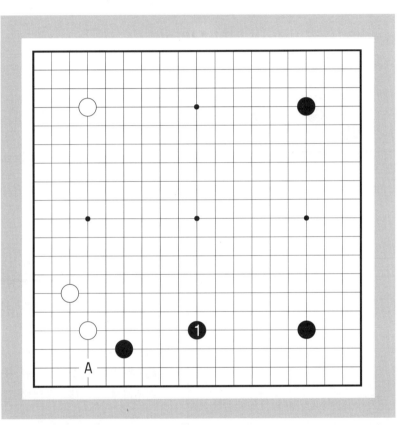

백이 날일자로 받았을 때 흑은 A로 날일자하지 않고 ❶처럼 넓게 벌리는 수도 가능하다. 흑❶은 우하귀 방면에 흑돌이 있을 때 두는 것이 보통이다. 그럼 A로 날일자했을 때와 흑❶처럼 넓게 벌리는 것은 어떤 차이가 있는지 살펴보기로 한다.

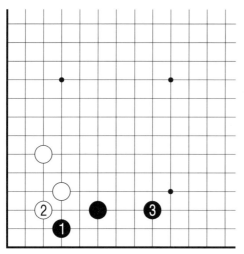

그림1

그림1(견실한 형태)

흑❶로 날일자한 후 ❸으로 두 칸 벌리면 가장 견실한 형태가 된다. 그러나 이 형태는 견실한 반면에 발전성이 떨어진다는 약점을 지니고 있다.

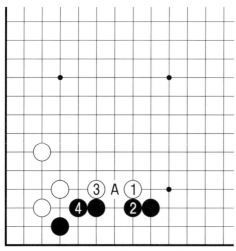

그림2

그림2(백의 활용 수단)

그림1의 정석 이후 백은 ①로 들여다본 후 흑❷ 때 ③으로 막는 활용 수단이 가능하다. 흑 ❹ 때 백은 손을 빼서 큰 곳에 선행하게 되는데, 두텁게 둔다 면 A에 잇는 것이 좋다.

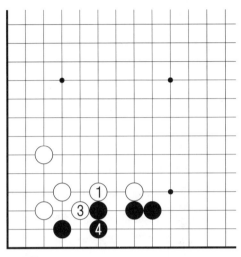

그림3

그림3 (흑, 불만)

백①로 붙였을 때 흑은 선수를 잡기 위해 손을 빼는 것도 생각할 수 있다. 그러나 백③으로 젖히는 것이 너무 쓰라리기 때문에 특별한 경우가 아니면 그림2처럼 보강하는 것이 보통이다.

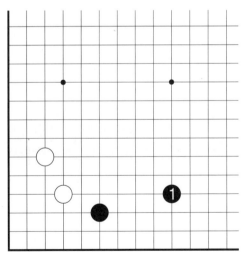

그림4

그림4 (흑의 장점)

흑❶로 전개하면 그림2나 그림3처럼 상대에게 활용당할 여지가 없다는 장점이 있다. 그러나 흑❶로 전개하면 장점이 있는 대신에 약점도 지니고 있다.

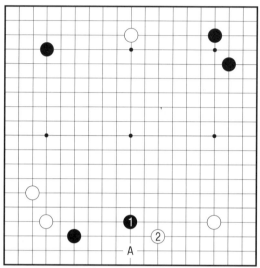

그림5

그림5 (흑의 약점)

흑❶처럼 넓게 벌리는 것은 우하귀 쪽에 흑돌이 있을 때 가능한 수단이다. 그런데 지금처럼 우하귀 쪽에 백돌이 대기하고 있다면 흑❶처럼 벌리는 수는 잘 두어지지 않는다. 백②로 다가서는 것이 급소로 흑은 A의 뒷문이 열려 있다.

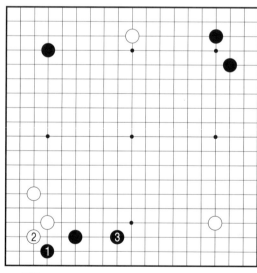

그림6

그림6 (흑, 만족)

우하귀에 백돌이 대기하고 있다면 흑은 견실하게 두는 것이 좋다. 흑❶로 날일자하고 백②, 흑❸까지 진행된다면 견실하게 터를 잡은 모습. 이 형태는 흑이 기분 좋다.

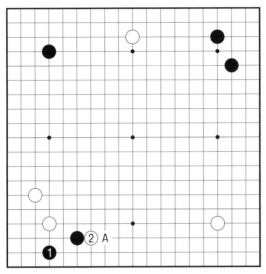

그림7

그림7 (백의 반발)

흑❶로 날일자했을 때 백은 곧장 ②로 붙이거나 A에 협공하는 것이 상대를 쉽게 안정시켜 주지 않는다는 의미에서 적절한 정석 선택이 된다.

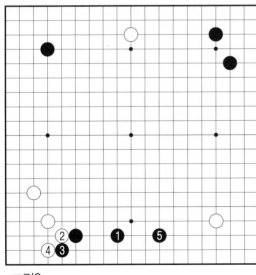

그림8

그림8 (흑의 작전)

흑은 2선으로 날일자하지 않고 그냥 ❶로 두 칸 벌리는 것이 책략적인 수단이다. 계속해서 백②로 마늘모 붙인다면 흑❸으로 젖힌 후 ❺로 두 칸 벌리는 것이 요령이다.

35

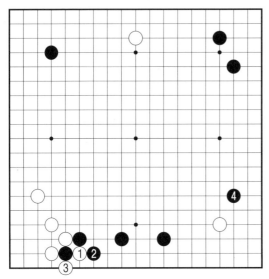

그림9

그림9 (흑, 충분)

그림8에 이어 백이 ①로
단수쳐서 흑 한 점을 잡는
다면 흑❷를 선수한 후 ❹
로 걸치는 것이 요령이다.
이 진행은 흑이 발빠르다.

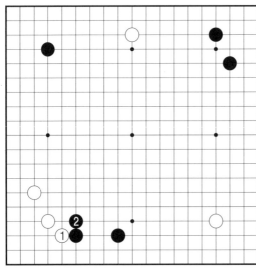

그림10

그림10 (책략 부족)

백①로 마늘모 붙였을 때
평범하게 흑❷로 올라서는
것은 책략이 부족한 수이
다. 흑은 약간 중복된 형태
가 되었다.

적극적인 3·三 침입

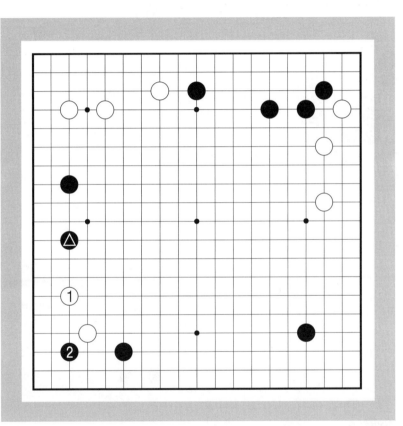

백①처럼 날일자했을 때 흑의 입장에서 흑❷처럼 적극적으로 3·三에 침입하는 수도 성립한다. 이 수는 흑▲처럼 자신의 응원군이 대기하고 있을 때 더욱 유력한 수단이라고 할 수 있다.

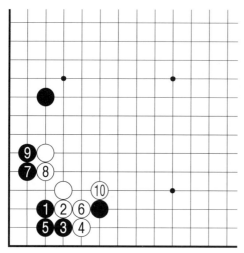

그림1

그림1(백, 충분)

흑❶로 침입하면 백은 ②로 막는 한 수이다. 계속해서 흑❸, ❺로 젖혀 잇고 백⑥까지는 필연적인 수순인데, 흑❼의 기백이 부족한 수이다. 백은 ⑧로 막은 후 흑❾ 때 백⑩으로 젖혀서 충분한 모습이다.

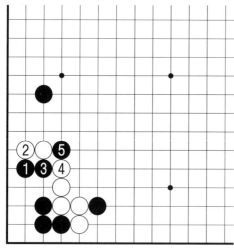

그림2

그림2(백의 무리수)

흑❶로 날일자했을 때 백이 그림1처럼 처리하지 않고 곧장 백②로 막는 것은 무리수이다. 흑❸, ❺로 절단하면 백이 곤란한 모습이다.

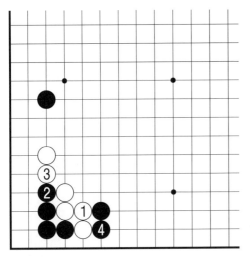

그림3

그림3(책략적인 수순)

백①로 이었을 때 흑은 ❷로 밀어올리는 것이 책략적인 수단이다. 계속해서 백③으로 치받을 때 흑❹로 넘자고 하는 것이 예정된 수순이다. 계속해서…

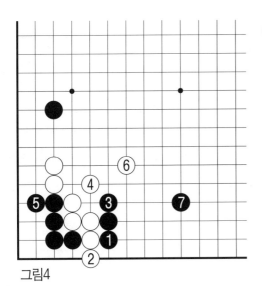

그림4

그림4(흑, 활발)

그림3에 계속해서 백은 ②로 내려서 차단할 수밖에 없다. 계속해서 흑은 ❸을 선수한 후 ❺로 살게 되는데, 백⑥, 흑❼까지 흑이 활발한 진행이다.

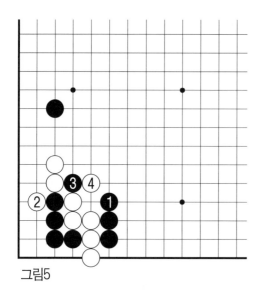

그림5

그림5(백의 반발)

흑❶로 올라섰을 때 백②로 젖혀 귀를 잡자고 하는 것은 거의 대부분 좋지 않다. 그러나 축이 백에게 유리하다면 유력한 변화이다. 축이란 흑❸으로 끊을 때 백④로 단수치는 수를 말한다.

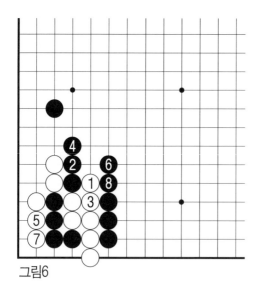

그림6

그림6(흑의 사석전법)

그러나 축이 백에게 불리하다면 백이 좋지 않다. 계속해서 흑❷로 나가고 이하 흑❽까지의 진행이 되는데, 흑이 사석을 활용해서 막강한 세력을 구축한 모습이다.

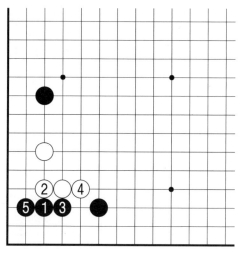

그림7

그림7(흑, 만족)

흑❶로 침입했을 때 백②로 막는 것은 거의 대부분 방향 착오가 될 가능성이 높다. 흑❺까지의 진행은 흑의 실리가 큰 반면에 백은 미생마의 형태이다.

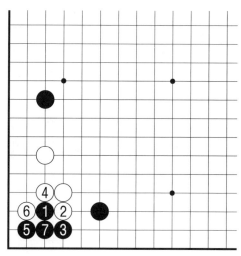

그림8

그림8(백의 변화)

백은 굳이 좌변을 중시하고 싶다면 흑❶, ❸ 때 백④로 막는 것이 요령이다. 그러나 흑❺, ❼까지 이 형태 역시 특별한 경우가 아니면 백이 불리하다.

41

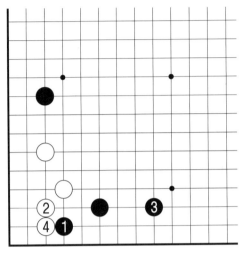

그림9

그림9 (백의 보강)

단순하게 흑❶로 날일자한 후
백② 때 흑❸으로 두 칸 벌리
는 것은 이 경우 기백이 부족하
다. 백은 ④로 막아 두는 것이
실리로도 클 뿐 아니라 돌의 안
정 관계상 매우 좋은 곳이다.

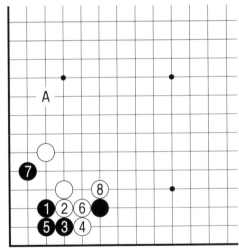

그림10

그림10 (시기 상조)

A 방면에 흑돌이 없는데도 불구
하고 흑❶처럼 3·三에 침입하
는 것은 거의 대부분 좋지 않
다. 백은 ②로 막은 후 이하 ⑧
까지 두텁게 형태를 정비해서
충분하다.

적극적인 한 칸 협공

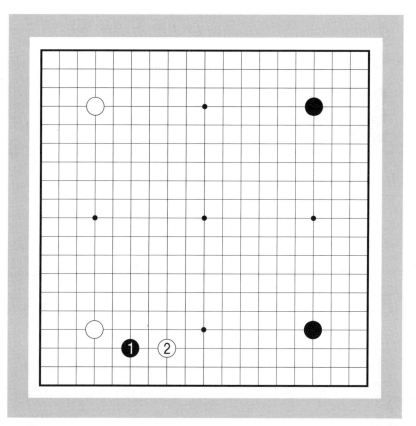

흑❶로 걸쳤을 때 백은 날일자로 받지 않고 ②처럼 적극적
으로 협공하는 수도 가능하다. 화점에서의 협공은 한 칸 협
공과 두 칸 높은 협공이 주류를 이루고 있다.

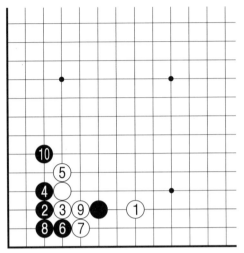

그림1

그림1(정석)

백①로 협공하면 흑은 ❷로 3·三 침입하는 것이 가장 알기 쉽다. 이하 흑❿까지 흑은 실리를 차지하고 백은 세력을 구축해서 쌍방 불만 없는 정석 진행이다.

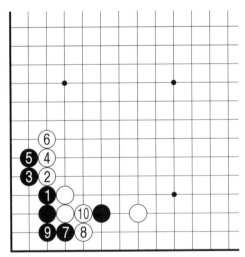

그림2

그림2(백의 함정수)

흑❶로 두었을 때 백②로 젖히는 수는 함정수의 일종이다. 이에 대해 흑❸으로 젖히는 것은 기백이 부족한 수이다. 이하 백⑩까지의 진행과 그림1의 기본 정석을 비교해 보면 흑이 불만족스런 결과임을 알 수 있다.

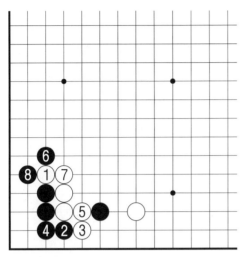

그림3

그림3(흑의 대응법)

백①로 젖히면 흑은 ❷, ❹로 젖혀 이은 후 ❻으로 꺼붙이는 것이 상대의 함정수에 대한 적절한 응수법이다. 계속해서 백은 ⑦로 이을 수밖에 없는데 흑 ❽로 넘어서 흑이 유리한 결말이다.

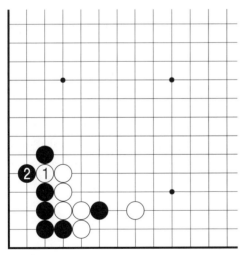

그림4

그림4(악수 교환)

그림3이 흑에게 유리한 이유는 기본 정석 형태를 분석함으로써 알 수 있다. 그림1의 기본 정석 이후 백이 ①로 찔러서 흑❷로 받게 하는 것은 대악수 교환이다. 이 악수 교환을 스스로 한 형태가 그림3이다.

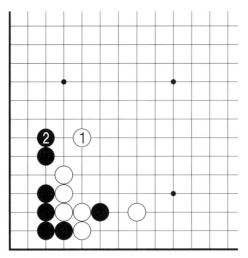

그림5

그림5 (백의 활용)

그림1의 기본 정석 이후 백은 중앙을 중시해서 ①로 날일자하는 것이 선수가 될 가능성이 높다. 계속해서 흑은 ❷로 쌍점을 서서 형태를 정비하는 것이 올바른 대응법이다.

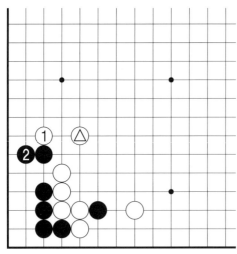

그림6

그림6 (기분 좋은 선수)

백△로 날일자했을 때 흑이 손을 뺀다면 백①로 붙이는 것이 기분 좋은 선수 활용이 된다. 흑은 ❷로 물러서서 응수해야 하는데, 백으로선 흑이 변으로 진출하는 것을 선수로 방지한 모습이다.

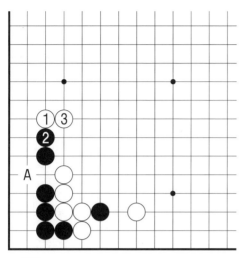

그림7

그림7(또 다른 활용)

백은 중앙에서만 활용이 가능한 것이 아니다. 백①로 다가서는 수 또한 A의 치중을 노려서 선수로 든다. 흑❷로 치받은 수는 A의 약점을 보강한 것이지만 상대를 강화시켜 준 만큼 이적수의 의미가 있다.

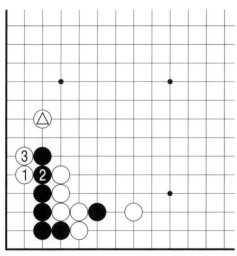

그림8

그림8(통렬한 치중)

백△로 다가섰을 때 흑이 손을 뺀다면 흑❷로 치중하는 것이 급소가 된다. 흑❷로 이을 수밖에 없을 때 백③으로 넘으면 귀의 흑이 미생마가 된다.

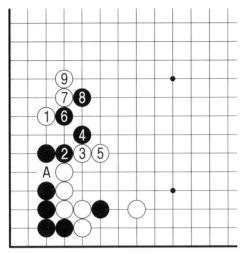

그림9

그림9(흑의 응수법)

백①로 다가섰을 때 흑은 ❷로 밀어올려서 두는 수도 가능하다. 계속해서 백③으로 막고 이하 백⑨까지가 예상되는 진행인데, 백이 양쪽을 모두 처리한 모습이다.

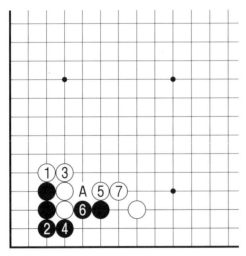

그림10

그림10(또 다른 응수법)

백①로 젖혔을 때 흑은 ❷로 내려서서 두는 수도 가능하다. 계속해서 백③으로 잇는다면 흑❹로 넘어서 충분한 모습이다. 이후 흑은 A의 약점을 노리게 된다.

48

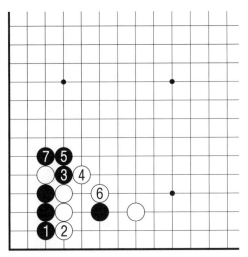

그림11

그림11(백의 욕심)

흑❶ 때 백②로 차단하는 것은 백의 무리이다. 흑은 ❸으로 끊는 것이 적절한 추궁 수단으로 이하 흑❼까지 백 한 점을 취해 대만족이다.

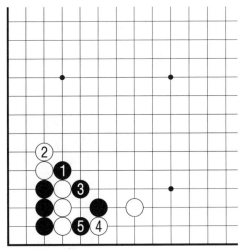

그림12

그림12(백, 죽음)

흑❶로 끊었을 때 백이 앞그림의 진행을 피해 ②로 뻗는 것은 더욱 나쁜 수이다. 흑❸으로 젖힌 후 백④ 때 흑❺로 끼우면 백 석 점이 잡힌 모습이다.

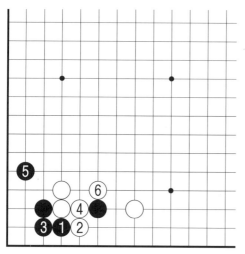

그림13

그림13(흑, 손해)

흑이 그림1의 기본 정석 수순을 따르지 않고 곧장 ❶로 젖히는 것은 수순 착오이다. 계속해서 백②로 젖히고 흑❸ 이하 백⑥까지의 진행이라면 백이 유리한 갈림이다.

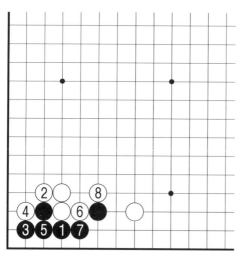

그림14

그림14(백의 선택)

흑❶로 젖혔을 때 백은 ②로 막아서 두는 수도 가능하다. 흑❸으로 호구친다면 백④를 선수한 후 ⑥, ⑧까지 중앙을 봉쇄해서 충분한 모습이다.

막는 방향

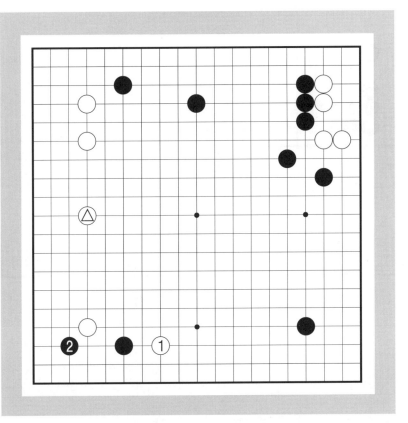

백①로 협공하고 흑❷로 3·三 침입하는 것까지는 앞에서 살펴본 정석 진행과 동일하다. 그러나 백△가 대기하고 있는 상황이라면 백으로선 응수 방법이 틀려져야 한다.

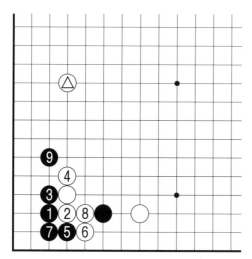

그림1

그림1(백, 불만)

흑❶로 침입했을 때 평범하게 백②로 막는 것은 이 경우 좋지 않다. 흑❾까지가 기본 정석인데, 백△가 이상한 곳에 놓여 있는 형태가 되고 말았다.

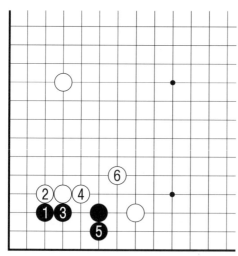

그림2

그림2(올바른 방향)

흑❶로 침입하면 백②로 막는 것이 올바른 방향이다. 계속해서 흑❸으로 연결하고 이하 백⑥까지가 기본 정석으로 되어 있다.

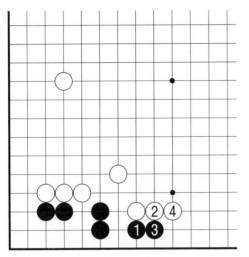

그림3

그림3 (정석 이후)

이 정석에서 알아두어야 할 것
은 후일 흑이 ❶로 붙이면 백②
로 늘어야 한다는 것이다. 흑
❸, 백④까지 진행되는 것이
일반적인데, 하변은 뒷문이 열
려 있는 것이나 다름없다.

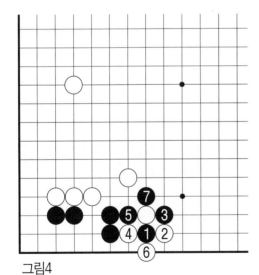

그림4

그림4 (무리한 반발)

흑❶로 붙였을 때 백②로 젖힌
은 것은 거의 대부분 무리수가
될 가능성이 높다. 이때는 흑❸
으로 끊는 것이 맥점으로 백④
때 흑❺로 맞끊는 수단이 준비
되어 있다. 흑❼까지 패의 형태
가 되어서는 백이 좋지 않다.

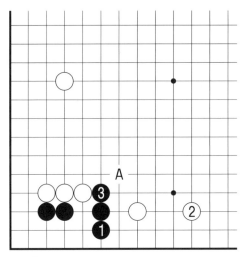

그림5

그림5 (백, 불만)

흑❶로 내려섰을 때 백이 A로 날일자해서 중앙을 봉쇄하는 것은 절대수이다. 백②로 두 칸 벌리는 것은 기분에 치우친 수로 흑❸으로 뚫려서는 백이 좋지 않다.

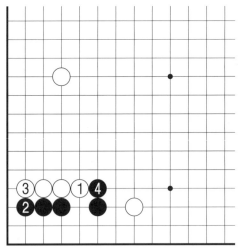

그림6

그림6 (흑의 변화)

백①로 두었을 때 흑은 실리를 중시해서 ❷로 내려서는 수도 가능하다. 이때 무심코 백③으로 막는 것은 대악수. 흑❹로 뚫려서는 백이 좌우로 나뉜 모습이라 불리하다.

54

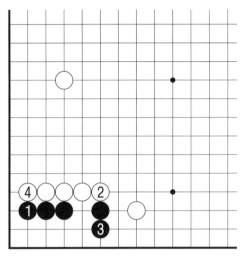

그림7

그림7(백의 수순)

흑❶로 내려서면 백은 ②로 막
는 한 수이다. 흑은 ❸으로 내
려설 수밖에 없는데, 그때 백④
로 막는 것이 올바른 수순. 이
형태는 기본 정석에 해당한다.

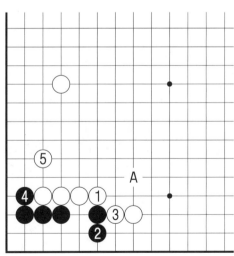

그림8

그림8(또 다른 변화)

백①, 흑❷ 때 백은 두텁게 ③
으로 보강하는 수도 가능하다.
흑❹로 민다면 백⑤로 한 칸
뛰는 것이 행마법이다. 이 형태
는 중앙을 중시할 때 가능한 수
단이다. 수순 중 백③으로는 A
에 두는 것도 가능하다.

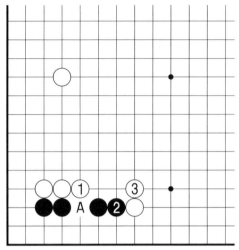

그림9

그림9(흑, 불만)

백①로 호구자리 급소를 차지
했을 때 흑이 2선으로 내려서서
A의 약점을 보강하지 않고 ❷
로 치받는 것은 하수들이 흔히
범하기 쉬운 대악수. 백③으로
올라서고 나면 흑은 여전히 A의
약점이 부담으로 남는다.

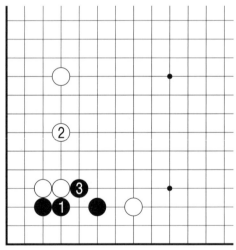

그림10

그림10(백, 불만)

흑❶로 연결했을 때 호구자리
급소를 차지하지 않고 ②로 두
칸 벌리는 것은 생각할 수 없
다. 흑❸이 두점머리가 되면서
호구가 되는 급소 중의 급소로
작용해서는 백이 매우 좋지 않
다.

분단을 획책한 흑

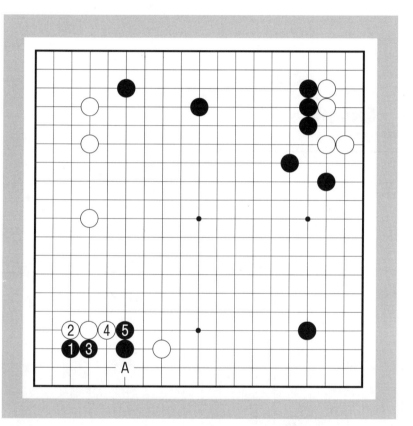

흑❶로 침입하고 이하 백④까지는 앞에서 살펴본 정석 진행과 동일하다. 그런데 흑이 A에 내려서서 단점을 보강하지 않고 ❺로 밀어올린 장면이다. 흑❺는 좌우 백을 분단시키고자 한 것인데, 적절한 대응법을 알아본다.

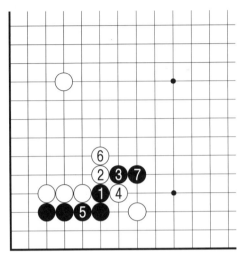

그림1

그림1(백, 불만)

흑❶ 때 백②로 젖히는 것은 이 경우 좋지 않다. 흑❸으로 젖혔을 때 기세상 백④로 끊어 보지만 이하 흑❼까지의 진행에서 보듯 백이 불리한 싸움이다.

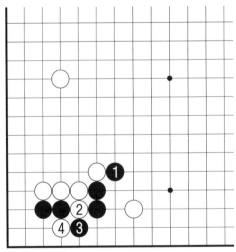

그림2

그림2(백의 변화)

흑❶로 젖혔을 때 백②, ④로 나가서 끊는 것이 좀더 생각한 수단이다. 백②, ④는 어떤 의미를 내포하고 있는지 살펴보기로 한다. 계속해서…

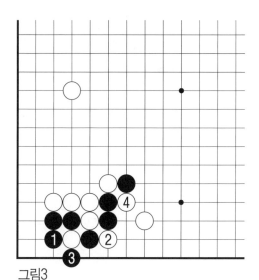

그림3

그림3(흑, 망함)

백이 나가 끊었을 때 무심코 흑❶로 단수쳐서 백 한 점을 잡는 것은 대악수이다. 백②, ④로 단수치면 요석인 흑 두 점이 잡히는 만큼 이 형태는 흑이 망했다.

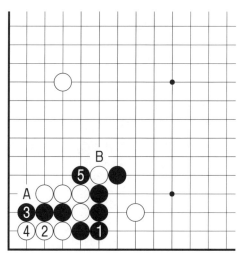

그림4

그림4(흑의 응수법)

흑은 ❶로 잇는 것이 올바른 응수법이다. 백②, ④로 단수쳐서 귀의 흑 두 점을 잡는다면 흑❸으로 나간 후 ❺로 단수치는 것이 요령. 이후 흑은 A와 B를 맞보기로 노려서 충분한 모습이다.

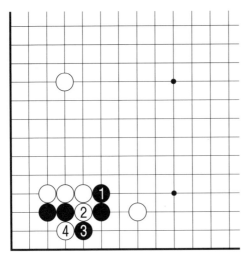

그림5

그림5(올바른 수순)

흑❶로 나갔을 때 백은 ②, ④로 나가 끊는 것이 이 경우 올바른 수순이다. 백은 한 점을 사석으로 삼아 형태를 정비하겠다는 뜻이다. 계속해서…

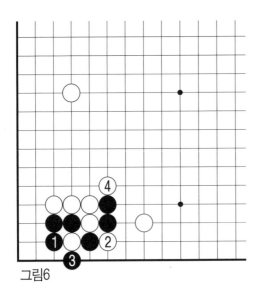

그림6

그림6(강력한 두점머리)

그림6에 계속해서 흑은 ❶로 단수칠 수밖에 없는데, 백②를 선수한 후 ④로 두점머리를 두드리는 것이 강력하다. 이후 흑은 중앙으로 진출하기가 쉽지 않다.

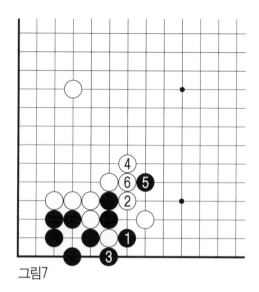

그림7

그림7(백, 두텁다)

흑은 중앙으로 진출하지 못하고
❶로 단수칠 수밖에 없다. 결국
백은 ②로 단수쳐서 중앙을 봉
쇄할 수 있는데, 이하 백⑥까지
가 기본 정석이다. 그런데 이
정석은 백이 두텁다는 것이 이
형태에 대한 평가이다.

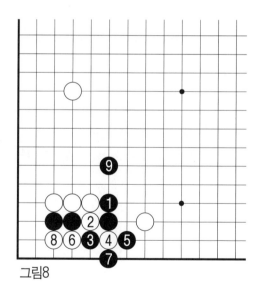

그림8

그림8(흑, 만족)

흑❶로 나갔을 때 이번엔 곧장
백②, ④로 절단하는 변화이
다. 이때는 흑❺로 단수쳐서 백
한 점을 잡는 것이 좋다. 이하
백⑧까지 귀의 흑이 잡히지만
흑❾로 뛰는 자세가 좋아서는
흑이 유리한 결말이다.

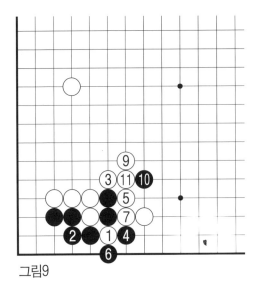

그림9

그림9(백, 만족)

백①로 끊었을 때 흑이 그림5
처럼 처리하지 않고, 흑❷로 잇
는 것은 좋지 않다. 백은 ③으
로 젖히는 것이 좋은 수로 이하
백⑪까지 중앙을 두텁게 구축
해서 충분한 모습이다.
(흑❽ … 백①)

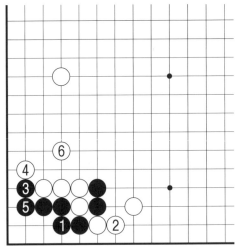

그림10

그림10(백의 선택)

흑❶로 이었을 때 백은 그림6
처럼 두지 않고 백②로 뻗어서
강력하게 둘 수도 있다. 흑❸,
❺로 젖혀 잇는다면 백⑥으로
한 칸 뛰어서 백으로선 충분한
싸움이다.

적극적인 양걸침

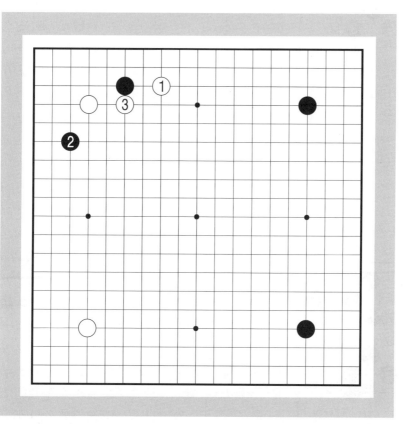

백①로 협공했을 때 흑이 3·三에 들어가지 않고 흑❷로 양걸침하면 변화가 복잡해진다. 흑❷는 적극적인 수단이라고 할 수 있는데, 근래에 유행하고 있는 정석이다. 계속해서 백③으로 붙인 것은 올바른 방향인데, 이후의 변화를 검토해 보도록 한다.

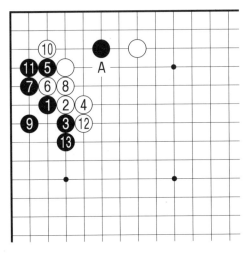

그림1

그림1(흑, 만족)

흑❶ 때 백이 장면도처럼 A에 붙이지 않고 ②로 붙이는 것은 방향 착오이다. 백②에는 흑❸으로 젖힌 후 ❺에 붙이는 것이 적절한 정석 선택. 백⑥ 이하 흑⓭까지 기본 정석인데, 흑의 실리가 알뜰하다.

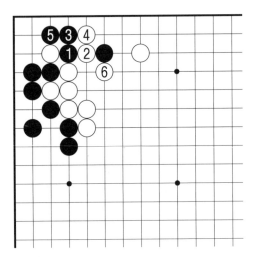

그림2

그림2(흑의 약점)

그림1 이후 기회를 봐서 ❶로 끊는 것이 노림이다. 백②로 단수치고 이하 백⑥까지가 예상되는 진행인데, 흑으로선 선수로 이득을 취한 결과이다. 그러나 이 형태는 백을 강하게 만들어 준 의미가 있으므로 끊는 시기를 잘 선택해야 한다.

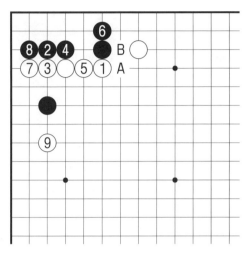

그림3

그림3(흑의 변화)

백①로 붙였을 때 곧장 흑❷로 3·三에 들어가는 변화이다. 계속해서 백③으로 막고 이하 백⑨까지가 유행하고 있는 정석 수순이다. 수순 중 백⑨로는 두텁게 A나 B에 보강하는 수도 가능하다.

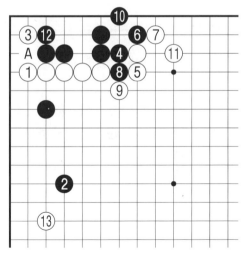

그림4

그림4(흑, 불만)

백①로 내려섰을 때 흑이 그림3처럼 A에 막지 않고 흑❷로 전개하는 것은 무리이다. 백③이면 흑은 ❹, ❻으로 호구쳐서 안정할 수밖에 없는데, 이하 흑⓬까지 흑으로선 생불여사의 결과이다. 백⑬으로 다가서서 백 호조의 국면.

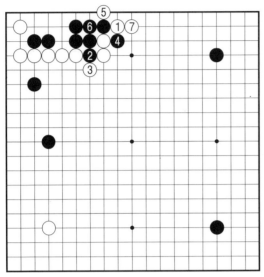

그림5

그림5 (흑, 곤란)

백①로 젖혔을 때 흑❷, ❹로 절단하는 변화도 검토할 수 있지만 백⑤, ⑦로 응수해서 흑이 곤란한 형태이다. 흑❻으로 패를 하는 수 역시 좋은 결과를 기대하기 힘들다.

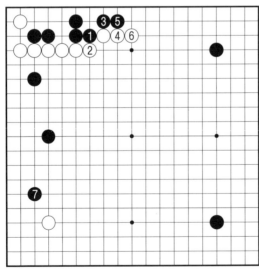

그림6

그림6 (흑의 의도)

흑❶로 치받았을 때 평범하게 백②로 막는 것은 대완착. 흑은 ❸, ❺를 선수한 후 ❼로 걸쳐서 대만족이다.

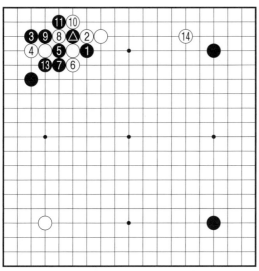

그림7

그림7(백, 두터움)

흑❶, 백②를 교환한 후 흑❸으로 3·三에 들어가는 변화이다. 이때는 백④로 막는 것이 요령으로 이하 흑⓭까지가 부분적으로 정석이다. 그러나 이 형태는 백이 매우 두터운 모습이라 흑이 불만이다. 백⑭로 걸쳐서는 백이 유리하다.

(백⑫ … 흑▲)

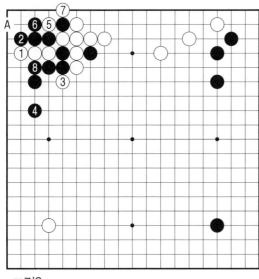

그림8

그림8(후속 수단)

좌상귀의 형태는 백이 기회를 봐서 ①로 뻗는 활용 수단이 남아 있다. 흑은 ❷로 막을 수밖에 없는데, 백③ 이하 흑❽까지 백이 선수로 이득을 취한 모습이다. 수순 중 흑❽을 생략하면 백A로 치중해서 귀의 흑이 잡힌다.

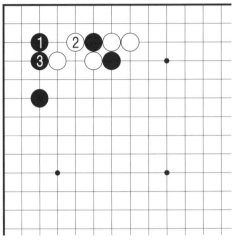

그림9

그림9(흑, 만족)

흑❶로 3·三에 들어갔을 때 백이 그림7처럼 처리하지 않고 평범하게 백②로 단수치는 것은 싱겁다. 흑❸으로 연결해서 흑으로선 충분한 결말이다.

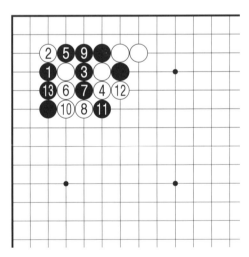

그림10

그림10(기세의 진행)

그림9처럼 흑이 3·三에 들어가지 않고 ❶로 붙이면 난해한 진행이 기다리고 있다. 계속해서 흑❸으로 단수치고 이하 흑⓭까지는 피차 외길 수순인데…

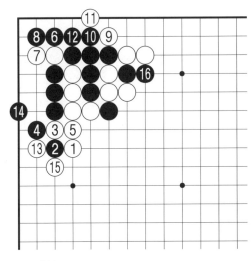

그림11

그림11(흑, 충분)

앞그림에 계속해서 백이 ①로 한 칸 뛰어 형태를 정비하는 정도일 때 흑은 ❷로 붙인 후 ❻, ❽로 귀를 제압하는 것이 수순이다. 계속해서 백이 ⑨, ⑪을 선수한 후 이하 ⑮까지 흑 한 점을 빵따낸다면 흑❶❻으로 움직여서 흑으로선 충분한 싸움이다.

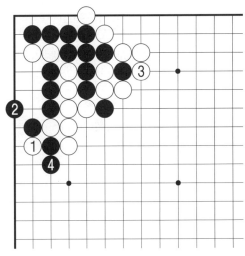

그림12

그림12(흑, 만족)

백①, 흑❷ 때 백③으로 이쪽을 따낸다면 이번엔 흑❹로 움직이는 수가 성립한다. 백 한 점을 쉽게 취할 수 있게 되어서는 흑이 유리한 결말이다.

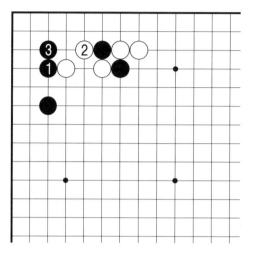

그림13

그림13 (백의 간명책)

흑❶의 붙임에는 백②로 물러서서 받는 것이 간명한 정석 선택이다. 흑은 ❸으로 뻗어서 실리를 취하게 되는데, 이 결과는 피차 둘 만하다.

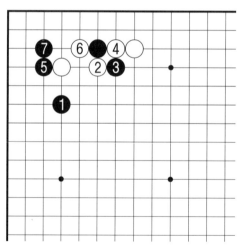

그림14

그림14 (흑의 간명책)

흑도 간명하게 처리하고 싶다면 ❶로 한 칸 높게 협공하는 것이 알기 쉽다. 계속해서 백②로 붙이고 이하 흑❼까지는 정석적인 진행이다.

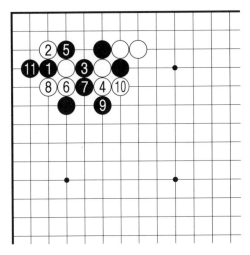

그림15

그림15(백, 망함)

흑❶로 붙였을 때 백②로 젖히
는 수는 성립하지 않는다. 흑❸
으로 단수친 후 이하 백⑩까지
는 필연적인 수순인데, 흑⑪로
나가는 수가 성립해서는 백이
망한 모습이다.

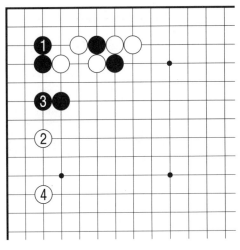

그림16

그림16(정석 이후의 활용)

흑❶로 뻗어서 정석이 일단락
된 후 백은 ②로 다가서는 것이
선수 활용이 된다. 흑❸은 끊기
는 단점을 보강하는 한 가지 방
법이며, 백④로 두 칸 벌려 일
단락이다.

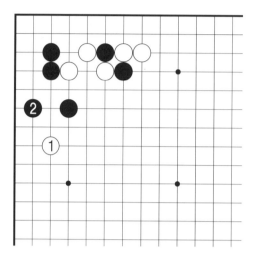

그림17

그림17(또 다른 보강)

백①로 다가섰을 때 흑은 ❷로 한 칸 뛰어 단점을 보강할 수도 있다. 흑❷는 앞그림에 비해 실리를 더욱 중시하고자 할 때 가능한 수단이다.

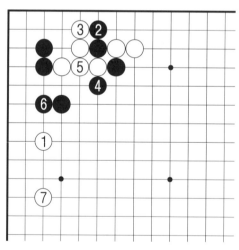

그림18

그림18(흑의 활용)

백① 때 흑은 ❷로 내려서서 활용하는 수단이 성립한다. 계속해서 백③으로 막고 이하 백⑦까지가 예상되는 진행인데, 피차 둘 만한 갈림이다.

세력형 정석

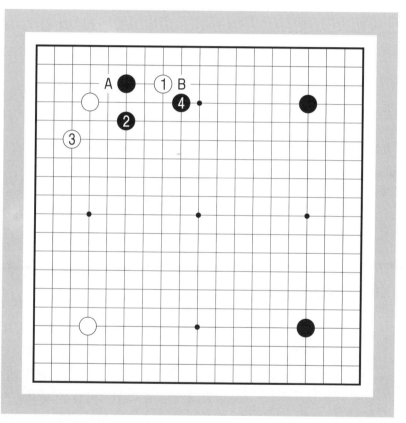

백①로 협공했을 때 흑❷로 한 칸 뛴 것은 중앙 방면을 중시하겠다는 세력 위주의 수법이다. 계속해서 백③으로 받았을 때 흑❹로 씌운 것은 예정된 작전인데, 백의 다음 응수가 관건이다. 백은 A와 B를 생각할 수 있다.

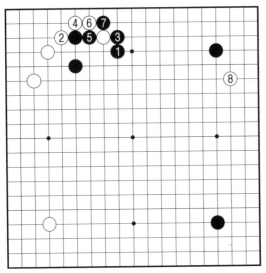

그림1

그림1(정석)

백은 날일자로 받은 이상 백②로 마늘모 붙이는 한 수이다. 계속해서 흑❸으로 막고 이하 ❼까지 세력과 실리의 갈림이 되는데, 백⑧로 걸치기까지 피차 불만 없는 모습이다.

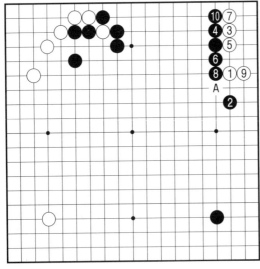

그림2

그림2(세력과 실리)

백①로 걸치면 흑은 당연히 ❷로 한 칸 협공할 것이다. 계속해서 백도 ③으로 3·三 침입해서 재빨리 안정하게 되는데, 이하 흑❿까지가 기본형이다. 이후 백은 A의 젖힘을 노리게 된다.

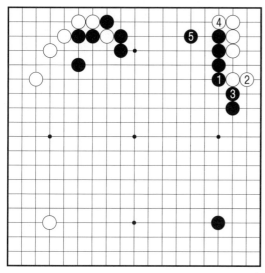

그림3

그림3(실속 없다)

흑❶, 백② 때 흑이 앞의
그림처럼(그림2 흑❿) 상
변을 막는 것은 정수. 얼핏
흑❸으로 막는 것이 두터
운 수처럼 보이지만 백④
로 꼬부리면 흑으로선 실
속 없는 결말이다.

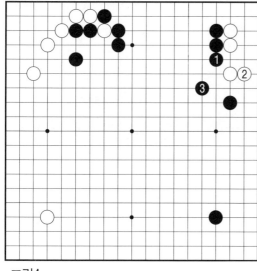

그림4

그림4(흑, 만족)

흑❶로 호구쳤을 때 백이
그림2처럼 처리하지 않고
평범하게 ②로 늘어서는
것은 이 경우 좋지 않다.
흑❸으로 날일자하면 그림
2에 비해 흑의 세력이 더
욱 빛을 발한다.

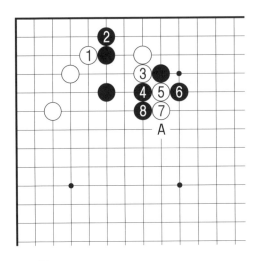

그림5

그림5(축과 연관)

백① 때 흑은 강력하게 ❷로 내려서는 강수도 성립한다. 흑 ❷는 축유리를 전제로 한 수임을 잊지 말기 바란다. 즉, 그것은 백③, ⑤로 절단했을 때 흑 ❻, ❽ 이후 A의 축을 말한다.

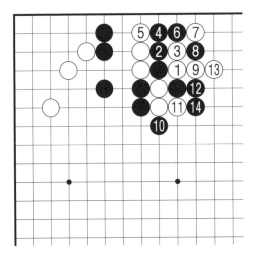

그림6

그림6(필연적인 수순)

그림5 이후 백이 ①로 단수친 후 이하 ⑦까지 저항한다면 흑 ❽의 단수가 긴요한 선수 활용으로 이하 흑❶❹까지 백 석 점이 축으로 잡힌다. 이 형태는 백이 망한 결과이다.

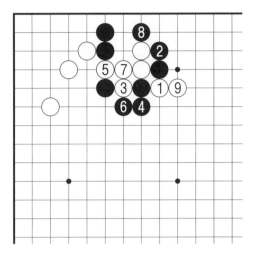

그림7

그림7(백, 만족)

백①로 끊었을 때 흑이 그림5와 같이 처리하는 수단을 발견하지 못하고 평범하게 ❷로 막는 것은 대완착이다. 백은 알기 쉽게 ③으로 단수친 후 ⑤에 연결해서 충분하다. 흑❻, ❽이면 백⑨로 뻗어서 흑이 불리한 싸움이다.

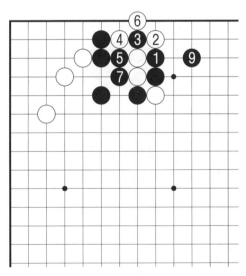

그림8

그림8(백, 죽음)

흑❶로 막았을 때 백이 앞그림처럼 처리하지 않고 ②로 젖히는 것은 형태에 얽매인 대악수이다. 흑❸으로 끊는 것이 절묘한 맥점으로 이하 흑❾까지 백돌이 잡힌 모습이다.

(백⑧ … 흑❸)

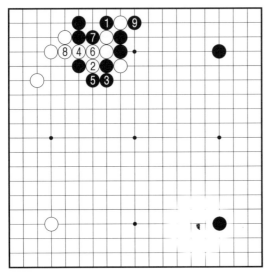

그림9

그림9 (흑, 유리)

흑❶로 끊었을 때 백②로
단수친 후 ④로 호구치면
연결은 가능하다. 그러나
이하 흑❾까지의 형태와
그림7의 형태를 비교할 때
결과는 천양지차이다.

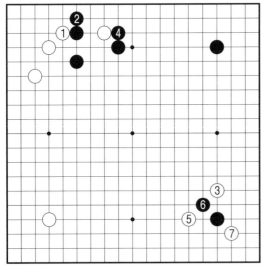

그림10

그림10 (축머리)

흑❷로 내려서면 백은 ③
으로 걸쳐서 축머리를 활
용하는 것이 보통이다. 흑
❹는 축을 해소한 것으로
백⑤로 걸친 후 ⑦로 3·
三에 침입해서 백이 활발
한 결말이다.

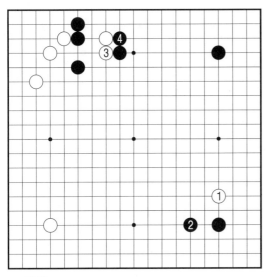

그림11

그림11 (흑의 강공책)

백①에는 흑❷로 받는 것
이 보통이다. 백③에는 흑
❹로 막는 것이 준비된 강
수. 계속해서…

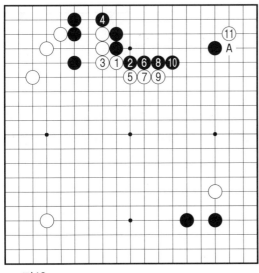

그림12

그림12 (신형)

앞그림 이후 백①로 젖히
고 흑❷ 이하 ❿까지가 도
전기에 등장한 신형이다.
백은 선수를 취한 후 ⑪로
3·三에 들어가는 진행이
되었는데, 피차 불만 없는
모습이다. 백⑪은 매우 큰
곳으로 이 곳을 방치하면
흑A로 내려서 커다란 흑집
이 완성된다.

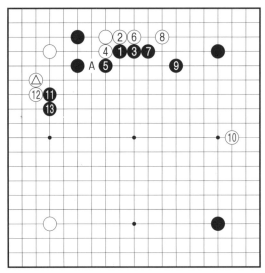

그림13

그림13(흑, 호조)

장면도로 돌아가서 흑❶로 씌웠을 때 백②, ④로 움직이는 것은 의문이다. 이하 백⑩까지가 기본 정석인데, 흑⓫로 씌우는 수가 A의 약점을 효율적으로 방비하는 절호점이 된다. 백은 ⊘로 날인자한 이상 그림1처럼 3선으로 마늘모 붙이는 것이 보통이다.

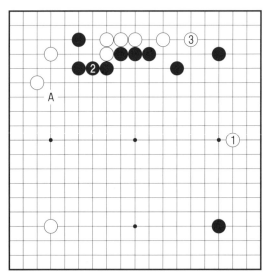

그림14

그림14(백, 만족)

백① 때 흑이 앞그림처럼 A에 씌우지 않고 평범하게 흑❷로 잇는 것은 대완착이다. 백③으로 받아 이것은 도리어 백이 유리한 결과이다. 상변에 쌓은 흑 세력은 좌상귀 백 두 점을 공격하는 데 활용해야 하는데, 뾰족한 공격 수단이 없다.

날일자와 한 칸의 차이

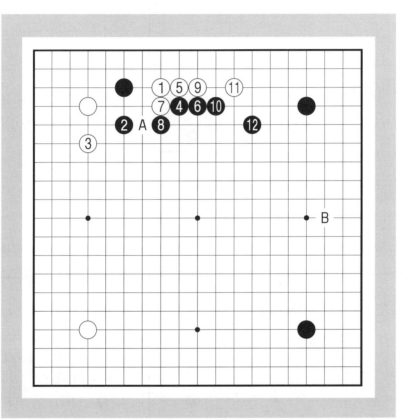

백①로 협공했을 때 흑❷로 한 칸 뛴 것은 우변의 2연성을
살려 세력 작전을 펼치겠다는 뜻이다. 백③으로 받았을 때
흑❹로 씌운 것은 예정된 수순으로, 백⑤ 이하 흑⓬까지
가 기본 정석이다. 이후 백은 A의 약점을 노리면서 B에 갈
라치게 된다.

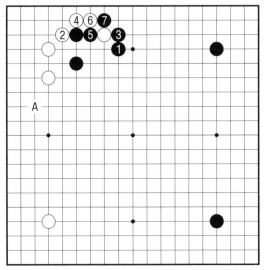

그림1

그림1(백의 약점)

흑❶로 씌웠을 때 백이 장면도처럼 처리하지 않고 백②로 두는 것은 다소 의문이다. 백②는 실리 위주로 두겠다는 뜻인데, 흑❸ 이하 ❼까지의 기본 정석이 이루어진 후 A의 뒷문이 열려 있다는 것이 백으로선 불만이다.

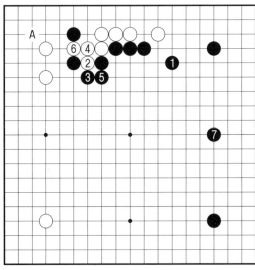

그림2

그림2(흑, 활발)

흑❶ 때 백②, ④로 끼워 흑의 약점을 추궁하는 것은 이 경우 시기 상조이다. 흑은 이하 ❺까지 선수한 후 ❼로 전개하는 것이 좋은 수순이다. 이 결과는 흑의 세력 작전이 크게 활기를 띠는 모습이다. 좌상귀는 아직도 A의 뒷맛이 남아 있다.

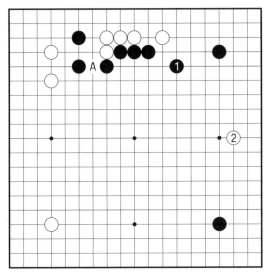

그림3

그림3 (백의 정수)

흑❶에는 백②로 갈라치는 것이 정수이다. 백은 이처럼 흑의 세력을 상하로 갈라 놓고서 흑의 약점을 노리는 것이 좋은 작전이다. 이후는 A의 약점을 둘러싼 공방이 관건이다.

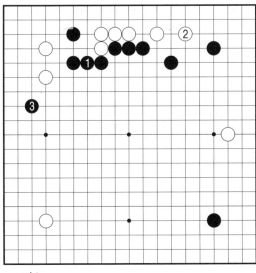

그림4

그림4 (평범)

흑❶로 잇는 것은 가장 평범한 수단이다. 계속해서 백은 ②로 한 칸 뛰어 형태를 정비하고 흑은 ❸으로 다가서서 귀의 백을 공략하게 되는데, 피차 무난한 진행이다.

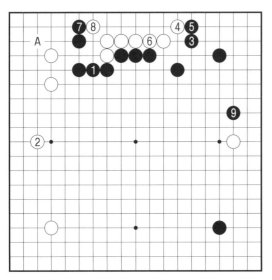

그림5

그림5(백, 불만)

흑❶ 때 백이 앞그림처럼 두지 않고 곧장 ②로 전개하는 것은 좋지 않다. 흑❸이 백의 잘못을 추궁하는 좋은 수로 이하 백⑧까지 후수 삶을 강요한 후 흑❾로 다가서서 흑이 유리한 결과. 좌상귀 A의 3·三이 비어 있다.

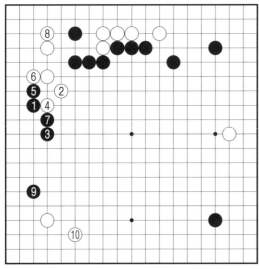

그림6

그림6(평범한 진행)

그림4 이후의 진행이다. 흑❶로 다가서면 백은 ②로 마늘모해 중앙으로 진출하는 것이 시급하다. 계속해서 흑❸으로 날일자하고 백④ 이하 ⑩까지가 기본 진행으로 피차 무난한 갈림이다.

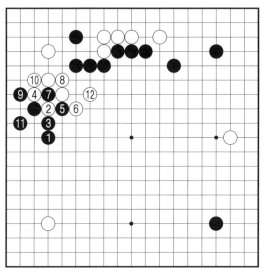

그림7

그림7 (변화)

흑❶로 날일자하고 백②로 붙였을 때 곧장 흑❸으로 치받는 수도 성립한다. 계속해서 백④로 막고 흑❺ 이하 백⑫까지가 피차 최선을 다한 수순으로 이 진행 역시 기본 정석에 속한다.

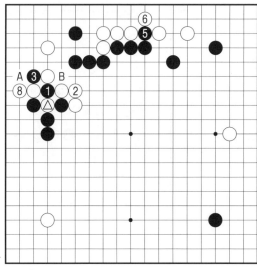

그림8

그림8 (백, 곤란)

흑❶로 패를 따냈을 때 백②로 잇는 것은 방향 착오. 흑은 강력하게 ❸으로 패를 결행하는 것이 강수로 백④ 때 흑❺가 절대 팻감으로 작용한다. 이하 흑❾까지 진행된 후 A와 B를 맞보기로 해서 백이 곤란한 모습이다.

(백④ … 백△, 흑❾, 흑❼ … 흑❶)

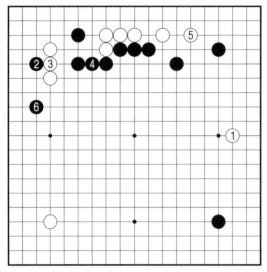

그림9

그림9(흑의 연구)

백① 때 흑이 곧장 ❹로 잇지 않고 흑❷, 백③을 교환한 후 ❹에 잇는 것이 책략 있는 수법이다. 계속해서 백⑤, 흑❻까지 앞에서 살펴본 기본 정석과 비슷한 수순인데, 흑❷를 미리 교환해 둔 까닭에 이후의 진행이 다소 틀려진다.

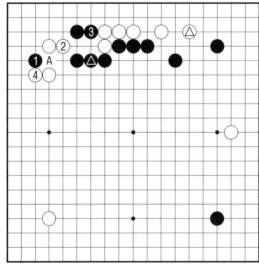

그림10

그림10(수순의 차이)

흑▲, 백△를 미리 교환한 후 흑❶로 들여다보면 백은 A로 잇지 않고 ②로 반발할 가능성이 높다. 계속해서 흑이 ❸으로 쌍립해서 끊기는 약점을 보강한다면 백④로 막아 흑 한 점이 곤경에 처한다.

86

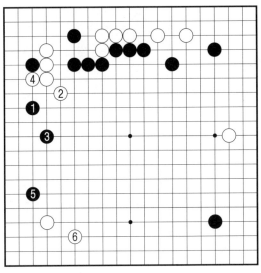

그림11

그림11(기본 진행)

그림9 이후의 진행이다. 흑❶로 다가서면 백은 ②로 마늘모해서 중앙으로 진출하는 정도이다. 계속해서 흑❸으로 날일자하고 백④에서 ⑥까지가 기본 진행으로 쌍방 불만 없는 갈림이다.

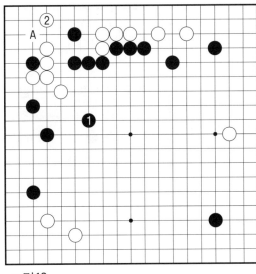

그림12

그림12(시급한 보강)

앞그림의 형태는 장차 흑❶로 중앙을 봉쇄하는 것이 귀의 사활 관계상 선수. 백②는 시급한 보강으로 이 수를 게을리하다가 흑A를 허용하게 되면 졸지에 귀의 백이 위험해진다.

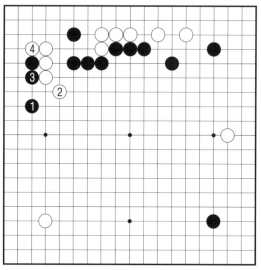

그림13

그림13 (이해 득실)

흑❶로 다가서고 백②로 마늘모했을 때 흑은 ❸으로 연결하는 수도 고려할 수 있다. 그러나 이 형태는 흑❸, 백④의 교환이 흑에게 이득이 되는지 손해가 되는지 판단하기 어려워 보류하는 것이 보통이다.

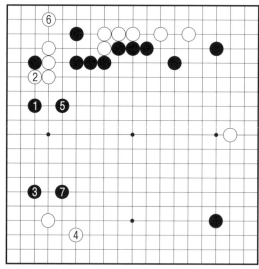

그림14

그림14 (흑, 활발)

흑❶로 다가섰을 때 곧장 백②로 차단하는 것은 이 경우 의문이다. 흑은 ❸으로 걸쳐서 백④와 교환한 후 이하 ❼까지 처리해서 활발한 결과이다. 백으로선 좌상귀가 봉쇄됐다는 점이 무엇보다 쓰라리다.

날일자 붙임

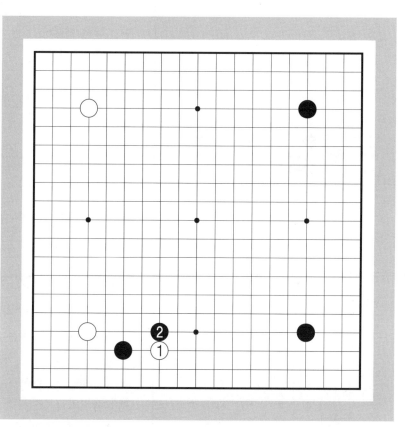

백①로 협공했을 때 흑❷로 붙인 것은 자신의 돌을 강화시켜 귀의 백을 공격하겠다는 발상이 짙게 배어 있다. 그럼 흑❷ 이후의 정석 변화를 검토해 보기로 한다.

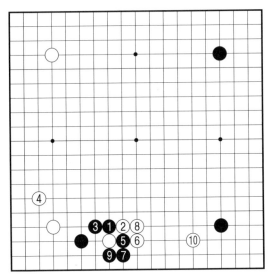

그림1

그림1 (정석)

흑❶로 붙이면 백은 ②로
젖히는 것이 가장 일반적
이다. 계속해서 흑❸으로
뻗었을 때 백④로 받은 것
은 귀를 중시한 것. 흑은
당연히 ❺로 끊게 되는데,
이하 백⑩까지가 기본형이
다.

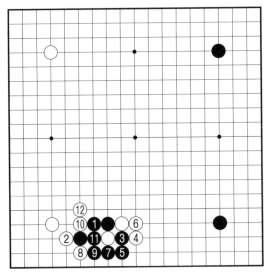

그림2

그림2 (백의 적극책)

흑❶로 뻗었을 때 백은 ②
로 마늘모 붙여서 두는 적
극전법도 가능하다. 계속
해서 흑❸으로 끊고 이하
백⑫까지의 진행이라면 백
이 유리한 결말이다.

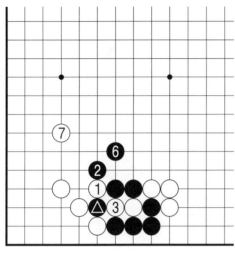

그림3

그림3 (흑의 변화)

앞그림의 수순 중 백①로 단수
쳤을 때 흑은 당연히 ❷로 반발
할 것이다. 계속해서 백③으로
따내고 이하 백⑦까지가 기본
정석인데, 피차 둘 만한 갈림이
다.

(흑❹ … 흑▲, 백⑤ … 백③)

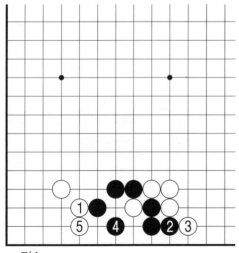

그림4

그림4 (또 다른 변화)

백①로 붙였을 때 흑❷, 백③
을 선수한 후 ❹로 마늘모하는
변화도 가능하다. 백은 ⑤로 내
려서서 근거를 빼앗는 것이 매
우 중요하다. 이 형태 역시 기
본 정석에 해당한다.

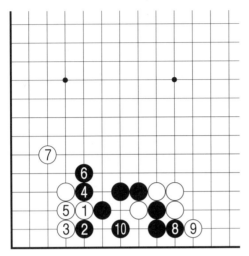

그림5

그림5(흑, 손해)

백① 때 흑❷로 단수친 후 이하 백⑦까지 결정짓는 것은 대악수이다. 흑은 결국 ❽, ❿으로 보강해야 하는데, 귀를 크게 굳혀 준 손해가 크다.

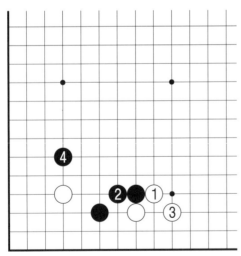

그림6

그림6(하변을 중시)

백①로 젖힌 후 ③으로 호구친 수는 귀보다는 하변을 중시하겠다는 뜻이다. 백③이라면 흑은 당연히 ❹로 양걸침해서 귀의 백을 공략하게 된다.

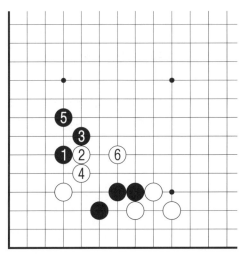

그림7

그림7(정석)

흑❶로 양걸침하면 백은 ②로 붙여서 좌우 흑을 분단시키는 것이 중요하다. 계속해서 흑❸으로 젖히고 이하 백⑥까지는 필연적인 진행이다. 이 형태는 얼핏 백이 유리한 것 같지만…

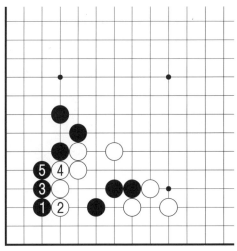

그림8

그림8(흑의 후속 수단)

앞그림에 이어 흑❶로 3·三 침입하는 수가 실리로 매우 큰 곳이다. 계속해서 백②로 막고 이하 흑❺까지 정석이 일단락 된 모습인데, 피차 둘 만한 갈림이다.

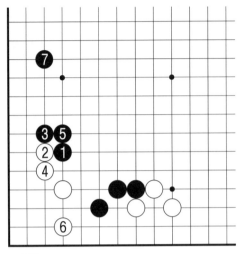

그림9

그림9 (백, 불만)

흑❶로 양걸침했을 때 백②로 붙여서 안정을 도모하는 것은 좋지 않다. 흑❸으로 젖히고 이하 흑❼까지의 진행이면 백이 불리하다.

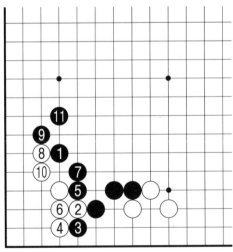

그림10

그림10 (흑, 만족)

흑❶ 때 백②로 마늘모 붙이는 수 역시 좋지 않다. 흑은 ❸으로 젖힌 후 이하 ⓫까지 세력을 구축해서 충분한 모습이다.

중앙을 중시한 뻗음

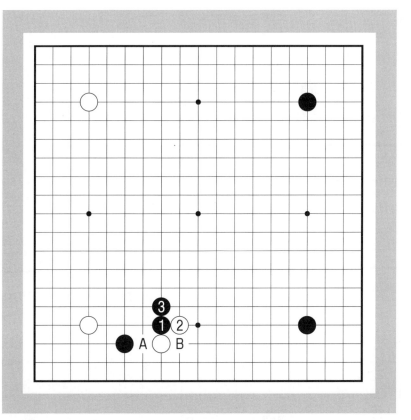

흑❶로 붙이고 백②로 젖혔을 때 흑은 ❸으로 뻗는 수도
가능하다. 흑❸은 중앙을 중시한 수단이라고 할 수 있다.
이후 백은 A와 B에 두는 수가 있는데, 각각의 변화를 검토
해 보기로 한다.

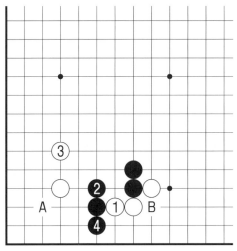

그림1

그림1(상용의 수순)

먼저 백①로 치받는 변화이다. 백①이면 흑은 ❷로 올라서는 한 수이며, 백③ 때 흑❹로 내려서는 것이 좋은 행마법이다. 이후 흑은 A의 침입과 B의 끊음을 노리고 있다.

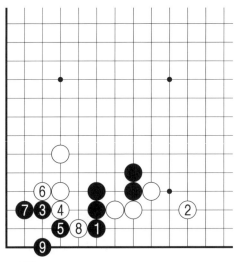

그림2

그림2(정석)

흑❶로 내려서면 백②로 날일자해서 단점을 보강하는 것이 보통이다. 계속해서 흑❸으로 3·三 침입하고 이하 흑❾까지가 기본 정석이다.

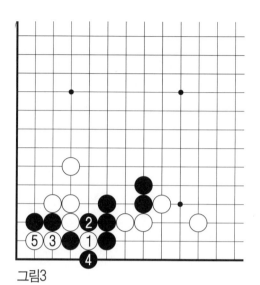

그림3

그림3(흑, 불만)

백①로 끼웠을 때 흑❷로 단수 치는 것은 대악수이다. 백③, ⑤면 귀의 흑 두 점이 백에게 잡히고 만다.

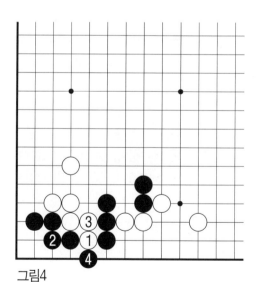

그림4

그림4(흑, 미생마)

백① 때 흑❷로 잇는 수 역시 좋지 않다. 백③, 흑❹까지의 진행을 예상할 때 그림2와 달리 귀의 흑이 완생이 아니라는 것 이 흑으로선 큰 부담으로 남는 다.

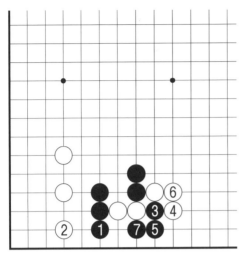

그림5

그림5(흑, 충분)

흑❶로 내려섰을 때 귀의 실리를 중시해서 백②로 지키는 것은 좋지 않다. 흑❸으로 끊으면 백 두 점이 잡히는 만큼 백의 손해이다.

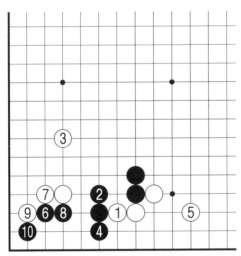

그림6

그림6(두 칸 응수)

백①로 치받고 흑❷로 올라섰을 때 백은 ③으로 두 칸으로 벌려서 응수하는 수도 가능하다. 한 칸에 비해 좀더 능률적인 응수법이라고 할 수 있는데, 이하 흑⑩까지가 기본 정석으로 되어 있다. 수순 중 백⑨, 흑⑩은 꼭 필요한 수순. 이 수순을 게을리하면…

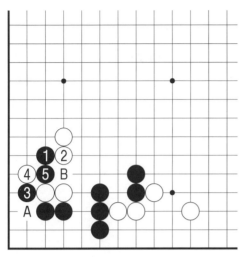

그림7

그림7(흑의 맥점)

백이 A로 젖히는 수순을 게을리 하면 흑❸으로 젖힌 후 ❺로 끊는 맥점이 성립한다. 이후 흑은 A와 B를 맞보기로 하고 있다.

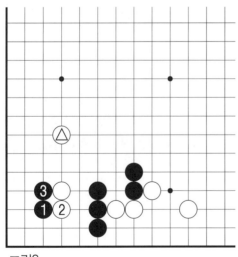

그림8

그림8(백의 욕심)

흑❶ 때 백②로 막는 것은 이 경우 백⊘와의 간격이 넓어서 성립하지 않는다. 흑은 당연히 ❸으로 밀고 나가는 것이 좋은 반발 수단이다. 계속해서…

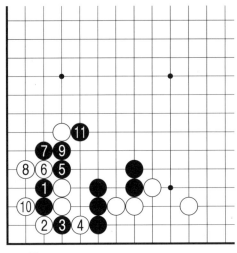

그림9

그림9(흑, 충분)

흑❶에는 백②로 젖히는 것이 최강의 저항이지만 흑에게 ❸으로 끊는 맥점이 준비되어 있다. 이하 흑⓫까지가 예상되는 진행인데, 흑의 두터움이 백의 실리를 앞서는 모습이다.

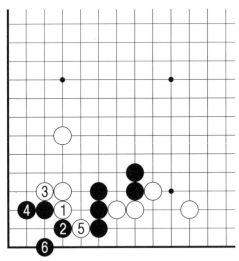

그림10

그림10(백, 만족)

백① 때 흑❷로 받는 것은 기백이 부족한 수이다. 계속해서 백③으로 막고 이하 흑❻까지의 진행이라면 그림2의 정석과 비교할 때 백이 유리하다.

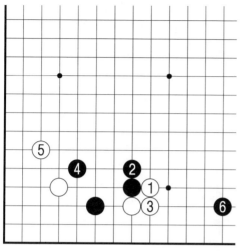

그림11

그림11(전투형 정석)

백①, 흑❷ 때 백은 ③으로 잇고서 두는 수도 가능하다. 백③은 상대의 형태를 결정지어 주지 않겠다는 뜻이다. 계속해서 흑❹로 날일자하고 백⑤, 흑❻까지의 진행이 되는데, 전투형 정석이 된다.

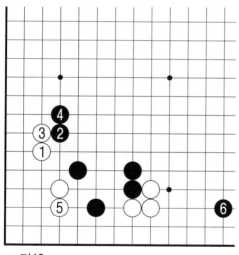

그림12

그림12(강력한 협공)

백①로 받았을 때 흑은 ❷로 씌워서 두는 수도 가능하다. 계속해서 백③, ⑤로 안정에 중점을 둔다면 흑❻으로 협공해서 더욱 강력한 공격을 할 수 있다.

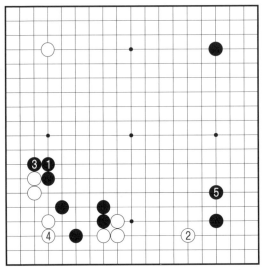

그림13

그림13 (백의 변화)

흑❶로 뻗었을 때 백은 귀를 응수하지 않고 ②로 걸치는 수도 가능하다. 그러나 흑❸으로 막히는 것이 백으로선 뼈아프다. 흑❺로 받아서 일단락인데, 이 역시 가능한 변화이다.

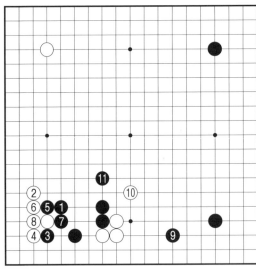

그림14

그림14 (흑의 변화)

흑❶, 백② 때 흑은 ❸으로 붙여서 형태를 결정짓는 변화도 가능하다. 이하 백⑧까지 선수한 후 흑❾로 공격하게 되는데, 자신이 강화된 반면에 귀가 굳어진 만큼 일장 일단이 있다.

두 칸 높은 협공

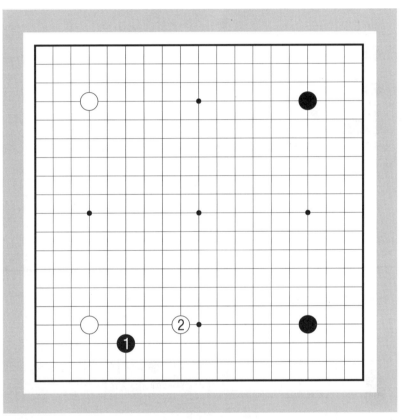

흑❶로 걸쳤을 때 한 칸 협공과 더불어 가장 많이 사용하는 협공수 중의 하나가 백②처럼 두 칸 높게 협공하는 것이다. 백② 이후의 정석 변화를 검토해 보기로 한다.

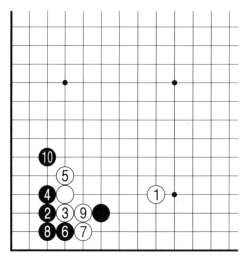

그림1

그림1(정석)

백① 때 흑❷로 3·三 침입하면 가장 알기 쉽다. 이하 흑❿까지 정석이 일단락된 모습이다.

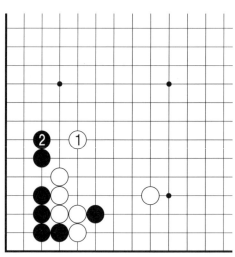

그림2

그림2(백의 활용)

정석 이후 백은 중앙을 중시하고자 한다면 백①로 날일자하는 것이 선수 활용이 된다. 흑❷로 지킨 것은 이 경우 올바른 행마법이다.

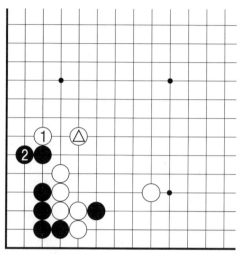

그림3

그림3(쓰라린 굴복)

백△ 때 흑은 손을 빼서 큰 곳에 선행하는 수도 가능하다. 그러나 백①로 붙였을 때 흑❷로 물러서서 받는 굴복을 감수해야 한다.

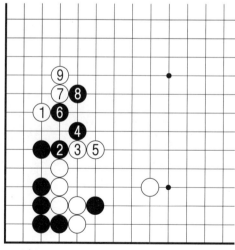

그림4

그림4(또 다른 선택)

백은 변을 중시해서 백①로 다가서는 수도 가능하다. 계속해서 흑❷로 밀어올리고 이하 백⑨까지 일단락인데, 피차 불만 없는 모습이다.

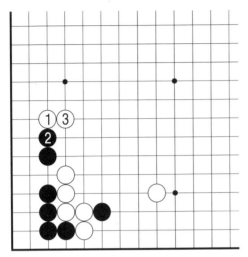

그림5

그림5 (흑의 선수)

백① 때 흑은 ❷로 치받아서 선수로 두는 수도 가능하다. 그러나 흑은 선수를 취할 수 있는 반면에 백을 강화시켜 준 손해가 크므로 그림4처럼 처리하는 것이 보통이다.

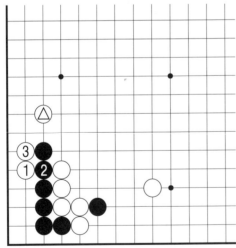

그림6

그림6 (통렬한 치중)

백△ 때 흑이 손을 빼는 것은 생각하기 힘들다. 백①로 치중하는 것이 통렬한 수로 흑❷ 때 백③으로 넘으면 귀의 흑이 미생마가 된다.

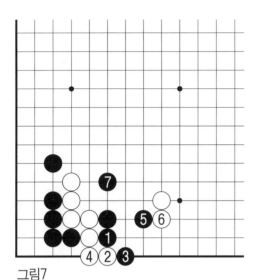

그림7

그림7(흑의 침입)

그림1의 기본 정석 이후 흑에게 손이 돌아온다면 기회를 봐서 ❶로 움직이는 수가 성립한다. 계속해서 백②로 젖힌다면 흑 ❸으로 단수친 후 이하 ❼까지 수습이 가능한 모습이다.

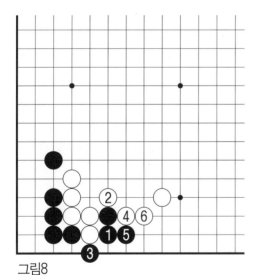

그림8

그림8(백, 충분)

흑❶에는 백②로 젖히는 것이 보통의 응수법이다. 계속해서 흑❸으로 넘는 것은 너무 소극적인 수로 백④, ⑥으로 형태를 갖추어서는 백이 충분한 결말이다.

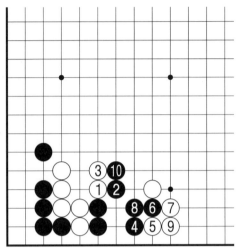

그림9

그림9(흑, 만족)

백①로 젖히면 흑은 ❷로 젖히
는 한 수이다. 계속해서 백③으
로 뻗는다면 흑❹ 이하 ❿까지
형태를 갖추어서 만족스런 결말
이다.

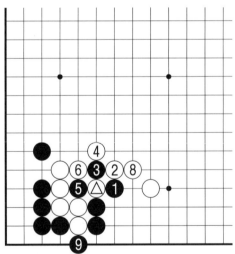

그림10

그림10(흑, 충분)

흑❶ 때 백②로 되젖히는 변화
이다. 계속해서 흑은 ❸으로 단
수치고 백④ 이하 백⑧까지가
예상되는 수순. 흑은 백집을 줄
인 만큼 충분한 모습이다.

(흑❼ … 백△)

108

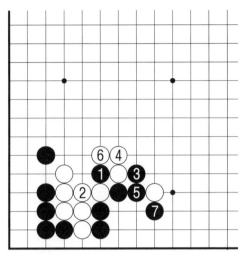

그림11

그림11 (흑, 우세)

흑❶로 단수쳤을 때 백②로 잇는 것은 좋지 않다. 흑은 ❸으로 단수친 후 ❺에 잇는 것이 좋은 수순이다. 백⑥으로 잡는 정도일 때 흑❼로 젖히면 이 결과는 흑이 성공적인 모습이다.

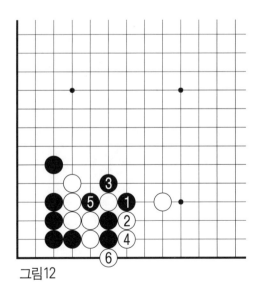

그림12

그림12 (백의 정수)

흑❶로 젖히면 백은 ②로 끊는 것이 좋은 수이다. 계속해서 흑 ❸에는 백④로 단수치는 것이 좋은 행마법. 이후 흑❺로 따낸다면 백⑥으로 넘어서 이 결과는 백이 유리하다.

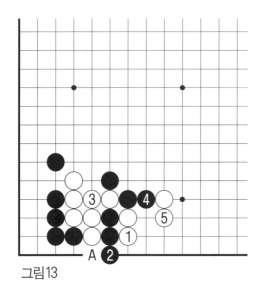

그림13

그림13(쌍방 최선)

백①에는 흑❷로 내려서는 한 수이다. 계속해서 백③으로 잇고 흑❹, 백⑤까지 일단락인데, 피차 최선을 다한 진행이다. 이후 흑은 A에 넘는 것을 노리게 된다.

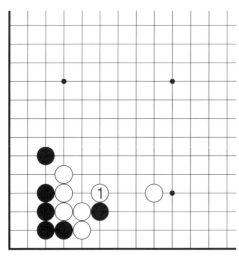

그림14

그림14(백의 보강)

앞그림들의 변화를 피하고 싶다면 백①로 젖혀서 보강하는 것이 두텁다. 그러나 곧장 백①로 보강하는 것은 발이 느리므로 백이 좋지 않다.

경우에 따라

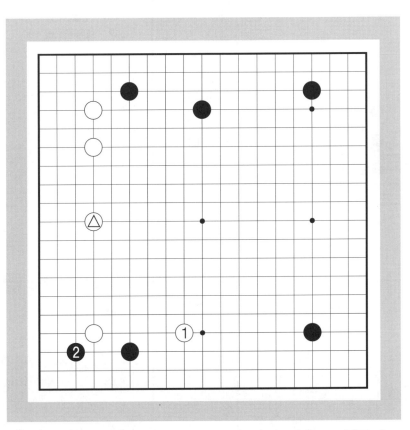

백△가 미리 대기하고 있는 상황이라면 백①로 협공하고 흑❷로 침입했을 때 백은 응수를 달리해야 한다. 그럼 흑 ❷ 이후의 정석 변화를 검토해 보기로 한다.

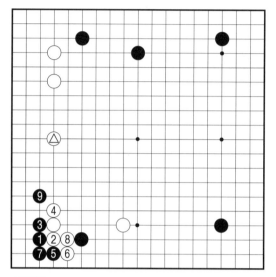

그림1

그림1(백, 불만)

흑❶로 침입했을 때 백②로 막는 것은 이 경우 의문이다. 흑❾까지의 정석 진행을 예상할 때 백△ 한 점이 이상하게 되었다.

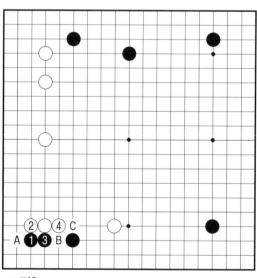

그림2

그림2(당연한 방향)

흑❶로 침입하면 돌의 배석 관계상 백은 당연히 ②로 막을 것이다. 계속해서 흑❸으로 연결하고 백④로 두었을 때가 흑으로선 작전의 기로이다. 예상할 수 있는 응수법은 A와 B, C이다.

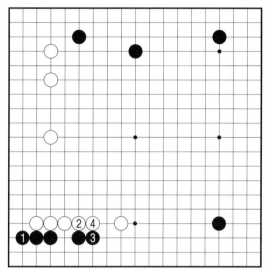

그림3

그림3(백, 두터움)

흑❶로 내려선 것은 실리를 중시한 수법. 그러나 백②, ④로 막는 자세가 두터워서 백이 두터운 모습이다.

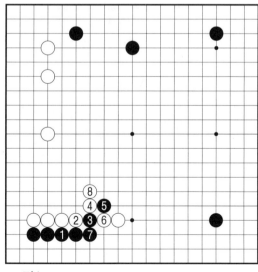

그림4

그림4(정석)

흑❶로 잇는 것은 한 가지 방법이다. 계속해서 백은 ②로 막은 후 이하 ⑧까지 중앙을 봉쇄하는 것이 요령이다. 백⑧까지는 실전에서 흔히 볼 수 있는 기본 정석이다.

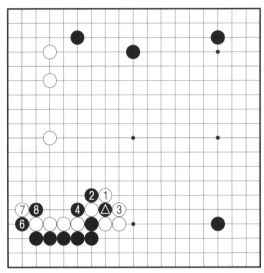

그림5

그림5 (흑의 역습)

백이 그림4처럼 처리하지 않고 ①로 단수쳐서 축으로 잡자고 하는 것은 좋지 않다. 흑은 ❷로 맞끊는 것이 준비된 강수로 백⑤ 때 흑❻, ❽로 두는 맥점을 준비해 두고 있다. 계속해서…

(백⑤ … 흑▲)

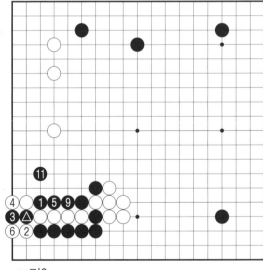

그림6

그림6 (백, 곤란)

흑❶로 끊었을 때 백②로 단수친다면 흑❸으로 키워 죽이는 것이 요령이다. 계속해서 백④로 단수치고 이하 흑⓫까지가 예상되는 진행인데, 이 결과는 백이 망한 모습이다.

(흑❼, 백⑩ … 흑▲, 백⑧ … 흑❸)

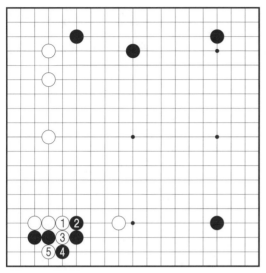

그림7

그림7(흑의 변화)

백①　때　흑은　❷로　밀어올리는　변화도　가능하다.　이때는　백③,　⑤로　절단하는　것이　올바른　수순.　백③,　⑤는　사석으로　활용해서　세력을　쌓겠다는　의도이다.

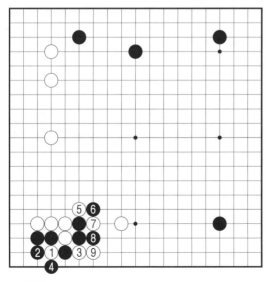

그림8

그림8(필연적인 수순)

백①로　끊으면　흑은　❷로　단수쳐서　백　한　점을　잡는　것이　중요하다.　계속해서　백③으로　단수치고　⑤로　젖힌　것은　백의　예정된　작전이다.　흑❻에는　백⑦,　⑨로　처리하는　것이　적절한　수순인데…

115

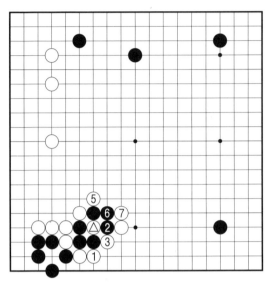

그림9

그림9 (흑, 망함)

백①로 단수쳤을 때 흑❷
로 따내는 것은 대악수이
다. 백③, ⑤로 회돌이치
면 흑은 축의 형태로 모두
잡히고 만다. 이 형태는 흑
으로선 최악이다.

(흑❹ … 백△)

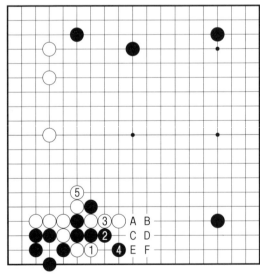

그림10

그림10 (흑의 정수)

백①로 단수치면 흑은 ❷
로 뻗는 한 수이다. 계속해
서 백③으로 잇고, 이하
백⑤까지가 기본 정석이
다. 이후 백은 A에서 F까
지가 모두 선수로 작용한
다는 것이 자랑이다.

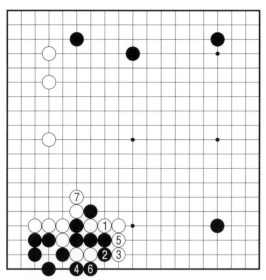

그림11

그림11(백, 만족)

백①로 이었을 때 흑이 앞 그림처럼 처리하지 않고 ❷로 막는 것은 좋지 않다. 백은 ③으로 막은 후 이하 ⑦까지 약점 없는 세력을 구축해서 만족스런 모습이다.

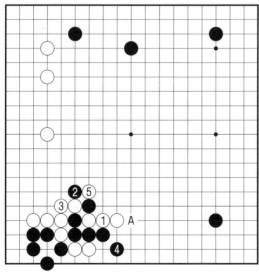

그림12

그림12(흑, 손해)

백①로 이었을 때 흑❷, 백③을 선수한 후 ❹에 두는 것은 좋지 않다. 백 ⑤로 단수치면 흑은 괜히 보태 준 꼴이 되고 말았다. 백A가 선수로 듣는 모습이 므로, 흑 한 점은 달아날 수 없다.

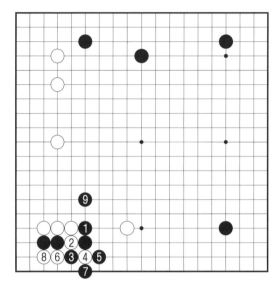

그림13

그림13(백, 불만)

흑❶ 때 백②, ④로 절단
하는 것은 방향 착오이다.
흑은 ❺, ❼로 따낸 후 흑
❾까지 활발한 형태를 갖
추어서 대만족이다.

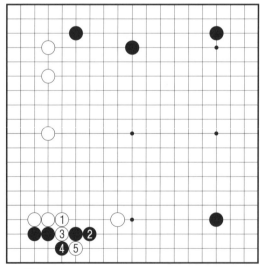

그림14

그림14(흑의 변화)

백① 때 흑❷로 뻗는 변
화도 검토할 수 있다. 이때
는 백③, ⑤로 나가서 끊
는 것이 적절한 응수 타진
이다. 계속해서…

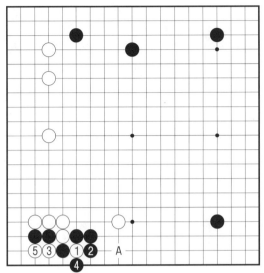

그림15

그림15 (백, 충분)

백①로 끊었을 때 흑❷로 단수친다면 백③, ⑤로 두어서 귀의 흑 두 점을 잡는 것이 요령이다. 이 형태는 백이 A로 한 칸 뛰면 흑 전체가 미생이 되는 만큼 백이 유리한 결말이다.

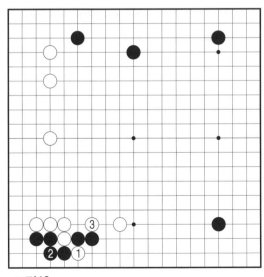

그림16

그림16 (봉쇄의 맥점)

앞그림에 계속해서 흑은 ❷로 잇는 정도이다. 그러나 백은 ③으로 붙여서 흑의 중앙 진출을 봉쇄하는 수단을 준비해 두고 있다.

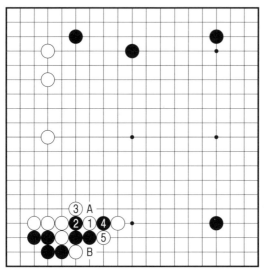

그림17

그림17(흑, 파멸)

백①로 붙였을 때 흑❷, ❹로 단수쳐서 중앙 돌파를 시도하는 것은 무모하다. 흑❹ 때 백은 ⑤로 맞끊는 것이 맥점으로, 이후 흑이 A에 따내는 것은 백B로 단수쳐서 흑이 더욱 망한다.

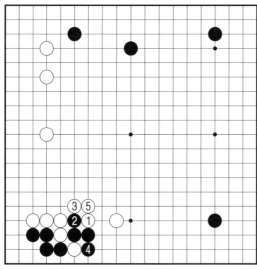

그림18

그림18(백, 두터움)

백①로 붙이면 흑은 ❷로 찌른 후 ❹로 후퇴하는 정도이다. 백은 ⑤로 이어서 형태를 정비하게 되는데, 기본 정석과 비교할 때 백이 두터운 모습이다.

두 칸 높은 협공에 한 칸 뜀

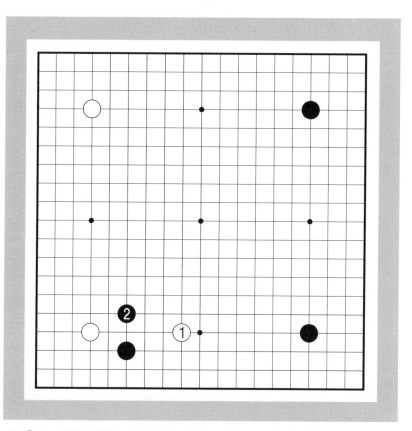

백①로 협공했을 때 흑은 ❷로 한 칸 뛰어서 응수하는 수도 가능하다. 이 수는 쉽게 형태를 결정지어 주지 않겠다는 뜻으로 귀보다는 변을 중시하고자 할 때 유력한 수이다.

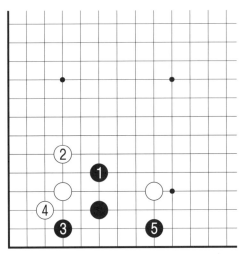

그림1

그림1(정석)

흑❶로 한 칸 뛰면 백은 ②로 받거나 날일자해서 두는 것이 보통이다. 계속해서 흑❸으로 날일자하고 이하 흑❺까지가 기본 정석이다. 수순 중 흑❺는 근거와 관련된 급소로 생략해서는 안 된다.

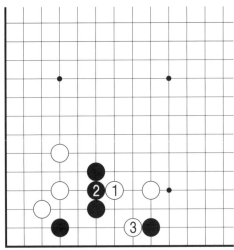

그림2

그림2(백의 활용)

기본 정석 이후 백은 기회를 봐서 ①로 들여다본 후 ③으로 붙여서 활용하는 수단이 성립한다. 그러나 이러한 수단은 상대를 강화시켜 주는 의미가 있으므로 시기를 잘 선택해야 한다.

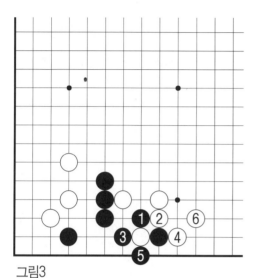

그림3

그림3(정석 이후의 정석)

앞그림에 계속해서 흑은 **❶**로 젖히는 한 수이다. 계속해서 백 **②**로 끊고 이하 백**⑥**까지 일단 락된 모습이다. 이 형태는 정석 이후의 정석이라고 할 수 있다.

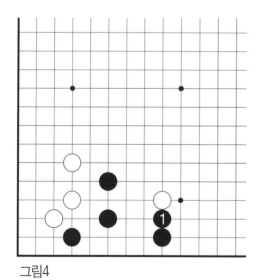

그림4

그림4(흑의 보강)

흑은 앞그림과 같은 활용을 피하고 싶다면 **❶**로 치받아서 두는 것이 요령이다. 그러나 이역시 시기를 잘 선택해야 한다.

123

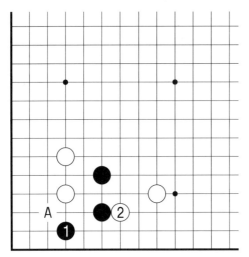

그림5

그림5(백의 적극책)

흑❶로 날일자했을 때 백은 A
에 받지 않고 ②로 붙여서 두는
수도 가능하다. 백②는 하변을
중시하겠다는 적극전법이다.

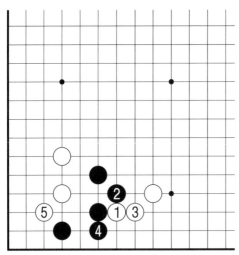

그림6

그림6(백, 충분)

백①로 붙였을 때 흑은 ❷로
젖힌 후 ❹에 내려서는 것은 쉽
게 생각할 수 있는 행마법이다.
그러나 백⑤로 지키게 되어서
는 백이 양쪽을 모두 처리한 만
큼 백이 기분 좋다.

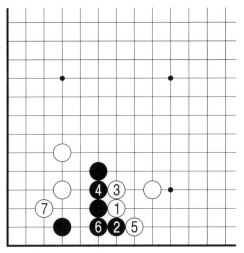

그림7

그림7 (흑의 변화)

백①로 붙였을 때 흑❷로 젖히는 변화도 검토할 수 있다. 이때는 백③을 선수한 후 ⑤에 막는 것이 요령이다. 흑❻, 백⑦까지 일단락인데, 앞그림과 비슷한 결과라고 볼 수 있다.

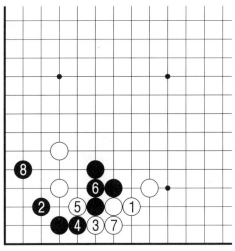

그림8

그림8 (당연한 반발)

백①로 뻗었을 때 흑은 ❷로 두는 것이 당연한 반발이다. 계속해서 백③으로 젖히고 이하 흑❽까지가 기세의 진행인데, 쌍방 둘 만한 갈림이다.

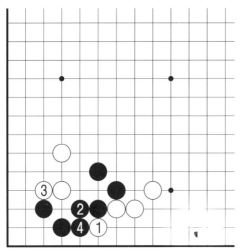

그림9

그림9(백, 충분)

백①로 젖혔을 때 흑이 앞그림과 같은 진행을 따르지 않고 ❷로 뻗는 것은 기백이 부족하다. 백③으로 막으면 흑❹로 보강해야 하는데, 백이 양쪽을 처리한 모습이다.

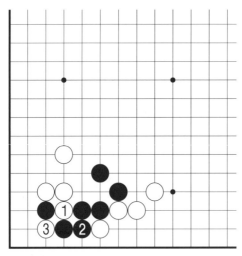

그림10

그림10(흑, 불만)

흑이 앞그림과 같이 보강하지 않고 손을 빼는 것은 생각하기 힘들다. 백①로 찌른 후 흑❷ 때 백③으로 단수쳐서는 흑이 미생마가 된다.

126

흑의 양걸침 대응

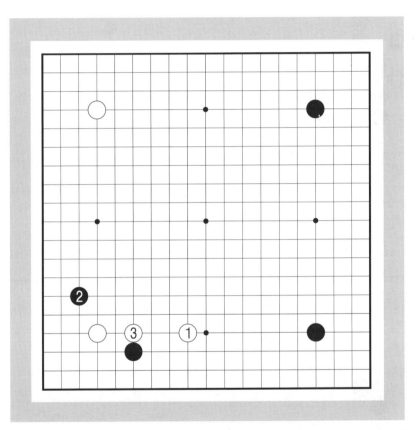

백①로 협공했을 때 흑❷로 양걸치는 것이 가장 적극적인
정석 선택이다. 계속해서 백은 ③으로 붙여서 응수하게 되
는데, 복잡한 정석 변화가 예상된다.

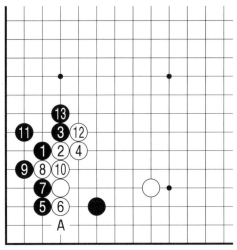

그림1

그림1(흑, 만족)

흑❶로 양걸침했을 때 백②로 붙이는 것은 특별한 경우가 아니면 좋지 않다. 흑은 ❸으로 젖힌 후 ❺로 3·三 침입하는 것이 수순이다. 이하 흑⓭까지 일단락인데, A의 젖혀 이음도 선수로 듣는 만큼 이 결과는 흑이 우세하다.

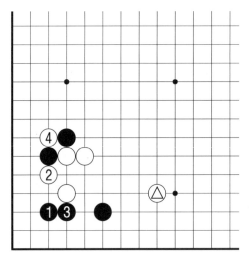

그림2

그림2(백, 불만)

흑❶로 3·三 침입했을 때 백②로 막는 변화이다. 이때는 흑❸으로 연결하는 것이 침착한 수. 백은 ④로 단수쳐야 하는데, 공격했던 백△ 한 점이 이상한 곳에 위치하고 있는 모습이다.

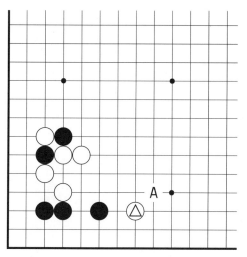

그림3

그림3 (급소점)

백은 A에 잇는 것보다 백△처럼 바짝 다가서 있는 것이 더욱 박력이 있다. 이 형태라면 백도 충분히 둘 수 있는 모습이다.

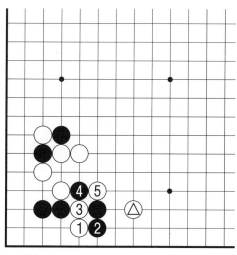

그림4

그림4 (흑, 곤란)

백△에 돌이 놓여 있다면 흑은 손을 빼고 두기 힘들다. 백①로 치중하는 수가 성립하기 때문. 흑❷로 막는다면 백③으로 뚫어서 흑이 안 된다.

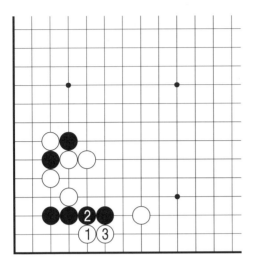

그림5

그림5(미생마)

백①로 치중하면 흑은 ❷로 이을 수밖에 없을 때 백③으로 넘고 나면 흑은 전체가 미생마가 된다.

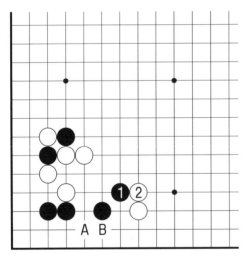

그림6

그림6(흑의 응수)

흑은 ❶로 마늘모해서 보강하는 것이 정수이다. 백②로 받을 때 손을 빼는 것이 요령. 이후 백이 A에 치중하면 흑B로 막는 것이 성립한다. 그러나 백도 두터운 모습이다.

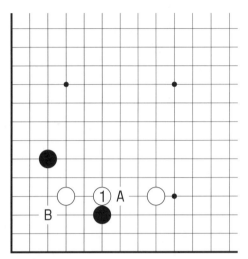

그림7

그림7(선택의 기로)

백①로 붙이면 흑으로선 선택의 기로에 서게 된다. 이후 흑은 A에 젖히는 수와 곧장 B에 3·三 침입하는 수 중 하나를 선택해야 한다.

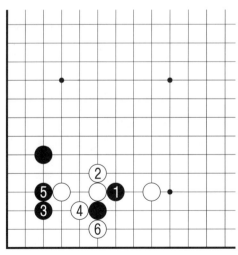

그림8

그림8(백, 두터움)

흑❶로 젖힌 후 백② 때 흑❸으로 3·三 침입하는 것은 한때 꽤나 유행했던 수법. 이하 백⑥까지 일단락인데, 이 정석은 백이 두텁다는 것이 중론이다.

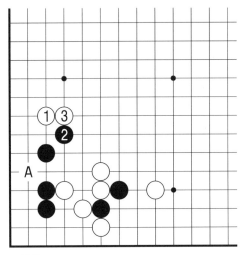

그림9

그림9 (백의 활용)

기본 정석 이후 백에게는 ①로
다가서는 노림수가 남는다. 흑
❷는 A의 치중을 방비하는 수
이다. 백은 ③으로 막아서 두터
운 모습이다.

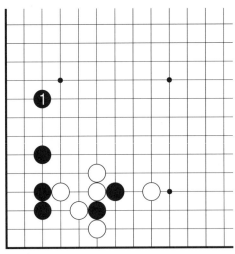

그림10

그림10 (흑의 보강)

앞그림과 같은 수단을 미연에
방지하는 의미에서 흑❶로 두
칸 벌리는 것이 실리상으로 매
우 큰 곳이다.

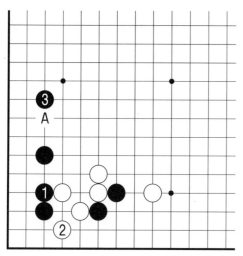

그림11

그림11 (백의 변화)

흑❶로 연결했을 때 백은 ②로 마늘모해서 두는 변화도 가능하다. 이때는 흑❸으로 두 칸 벌리는 것이 시급한 의미가 있다. 이 수를 게을리하면 백A로 다가서는 것이 통렬한 급소가 된다.

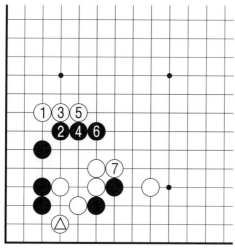

그림12

그림12 (백, 활발)

백△ 때 흑이 보강을 게을리하면 백①로 다가서는 것이 급소가 된다. 계속해서 흑❷로 입구자하고 이하 백⑦까지 일단락인데, 백이 활발한 결말이다.

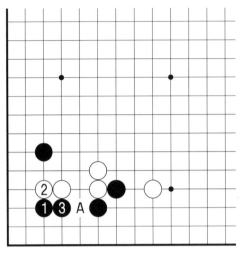

그림13

그림13(백, 불만)

흑❶로 침입했을 때 백이 A에 막지 않고 ②로 막는 것은 특별한 경우가 아니면 대부분 백이 좋지 않다. 흑은 ❸으로 연결해서 충분한 모습이다.

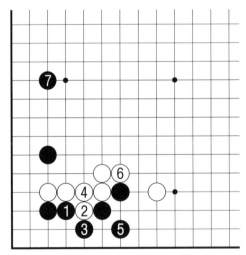

그림14

그림14(흑, 활발)

흑❶로 연결하면 백은 ②, ④로 끼워 이어야 하는데, 흑❺로 호구친 후 백⑥ 때 흑❼로 전개해서 흑이 활발한 모습이다.

난해한 현대 정석

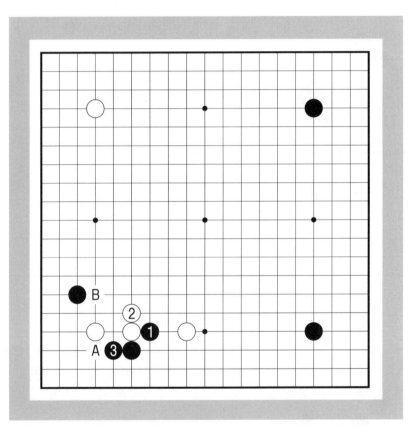

흑❶로 젖힌 후 백② 때 흑❸으로 두는 것이 최근에 가장 유행하는 정석 중의 하나이다. 이후 백이 A에 막으면 복잡한 변화가 되고, B에 붙이면 비교적 간명한 진행이 된다.

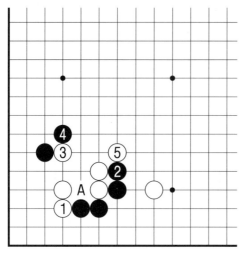

그림1

그림1(복잡한 정석)

백①로 막으면 흑은 ❷로 미는 것이 수순이다. 계속해서 백③으로 붙인 것은 A의 약점을 보강한 것이며, 흑❹ 때 백⑤로 젖히게 된다. 계속해서…

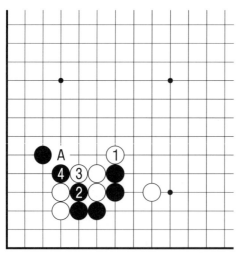

그림2

그림2(통렬한 끊음)

백이 A에 붙이는 것을 생략하고 곧장 백①로 젖히는 것은 수순 착오이다. 흑은 곧장 ❷, ❹로 절단하는 것이 백의 실수를 추궁하는 통렬한 수단이다.

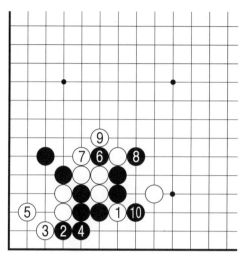

그림3

그림3(흑, 만족)

그림2에 계속해서 백이 ①로 절단한다면 흑❷, ❹로 젖혀 잇는 것이 좋은 수이다. 계속해서 백⑤로 보강한다면 흑❻, ❽을 선수한 후 ❿으로 단수쳐서 백 한 점을 잡을 수 있다.

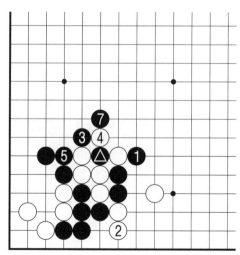

그림4

그림4(백, 죽음)

흑❶로 단수쳤을 때 백이 앞그림과 같은 진행을 피해 ②로 내려서는 수는 성립하지 않는다. 흑❸으로 돌려친 후 ❺, ❼로 단수치면 백 전체가 회돌이 축에 걸려서 잡히고 만다.

(백⑥ … 흑▲)

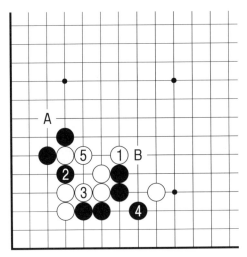

그림5

그림5 (선택의 기로)

백①로 젖히면 흑은 ❷로 단수 친 후 ❹로 호구치는 것이 수순이다. 백은 ⑤로 잇게 되는데, 이후의 변화가 어렵다. 흑A로 호구치면 복잡한 정석이 되고 B에 젖히면 비교적 간단한 정석 진행이 된다.

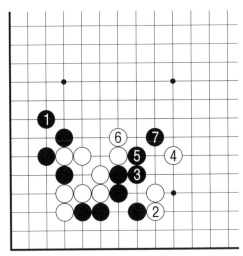

그림6

그림6 (복잡한 전투)

흑❶로 호구치면 복잡한 전투가 된다. 계속해서 백②로 막고 이하 흑❼까지가 예상되는 진행인데, 피차 앞을 내다볼 수 없는 치열한 난전이 된다.

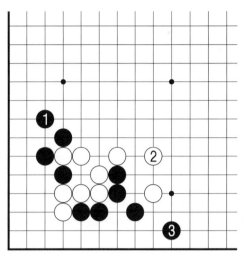

그림7

그림7(흑, 충분)

흑❶로 호구쳤을 때 백②로 한 칸 뛰는 것은 간명하게 두고자 한 것이지만 흑❸으로 안정해서 백으로선 싱거운 결말이다.

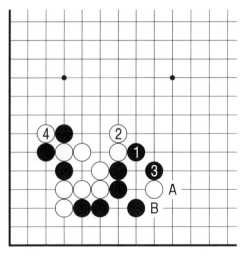

그림8

그림8(간명한 정석)

흑은 ❶로 젖힌 후 백② 때 흑❸으로 호구치는 것이 비교적 간단한 정석 선택이다. 백은 ④로 끊게 되는데, 이후 흑이 A에 젖히면 알기 쉽다. 백에게 선수가 돌아간다면 B로 움직이는 수가 성립한다.

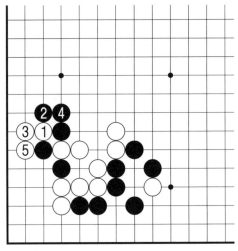

그림9

그림9(흑의 활용)

앞그림에 계속해서 흑은 ❷로 단수친 후 ❹에 잇는 것이 선수 활용이 된다. 백⑤까지 일단락 된 모습이다.

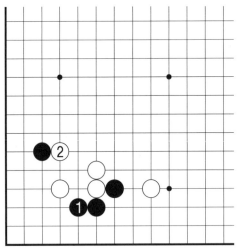

그림10

그림10(간명한 선택)

흑❶로 뻗었을 때 백은 ②로 붙여서 간명하게 처리하는 수도 가능하다. 백②는 귀의 실리보 다는 세력을 중시하고자 할 때 유력한 수단이다.

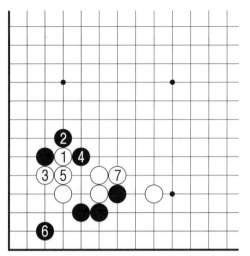

그림11

그림11(필연적인 수순)

백①로 붙이면 흑❷로 젖히는 한 수이다. 계속해서 백③으로 막고 이하 백⑦까지가 쌍방 최선을 다한 필연적인 수순이다.

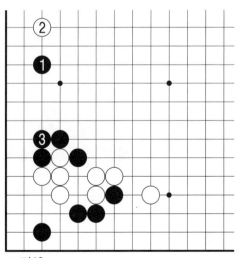

그림12

그림12(흑, 충분)

앞그림에 계속해서 흑은 ❶로 벌리는 것이 좋은 수이다. 계속해서 백②로 다가선다면 흑❸으로 잇는 자세가 이상적이라 흑이 좋다.

141

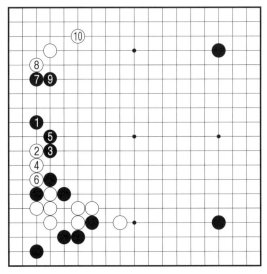

그림13

그림13(쌍방 최선)

흑❶로 벌리면 백은 ②로 침입하는 것이 정수이다. 계속해서 흑❸으로 붙이고 이하 백⑩까지 일단락인데, 쌍방 불만 없는 갈림이다.

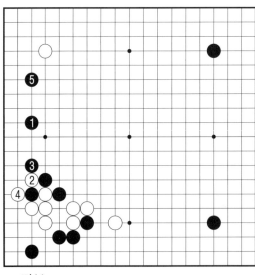

그림14

그림14(백, 불만)

흑❶ 때 백이 앞그림처럼 처리하지 않고 ②로 단수쳐서 흑 한 점을 잡는 것에 만족하는 것은 좋지 않다. 흑❸을 선수한 후 ❺로 걸쳐 가면 앞그림과 비교할 때 흑이 우세한 모습이다.

실리를 중시한 침입

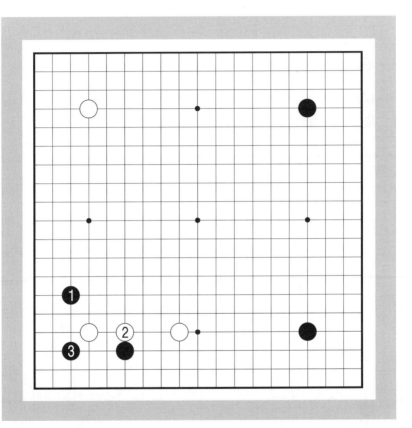

흑❶로 양걸침하고 백②로 붙였을 때 흑은 곧장 ❸으로
3·三 침입하는 수가 성립한다. 흑❸은 확실하게 실리를
차지하고 두겠다는 뜻이다. 그럼 흑❸ 이후의 정석 변화를
검토해 본다.

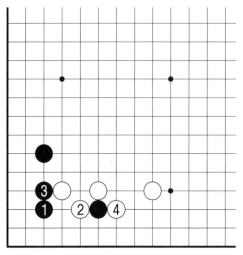

그림1

그림1(흑, 충분)

흑❶로 침입했을 때 백②로 막는 것은 거의 대부분 백이 좋지 않다. 흑❸으로 연결하고 나면 백④로 보강해야 하는데, 백은 중복의 느낌을 지울 수 없다.

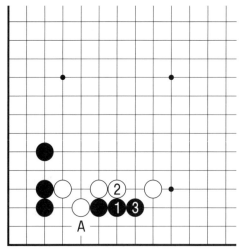

그림2

그림2(흑의 노림)

백이 앞그림처럼 보강하지 않고 손을 뺀다면 흑❶로 움직이는 수가 성립한다. 흑❸ 이후 흑은 언제든 A에 넘는 수가 성립하는 만큼 안정에 전혀 지장 없는 모습이다.

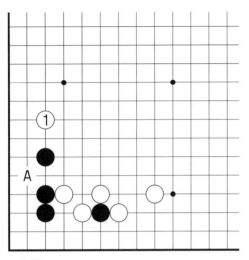

그림3

그림3(백의 불만)

그림1이 백에게 불만인 또 다른 이유 중의 하나는 백①로 다가서도 A의 치중이 성립하지 않는다는 것이다. 백①로 다가서도 흑은 손을 빼서 큰 곳에 선행하게 된다.

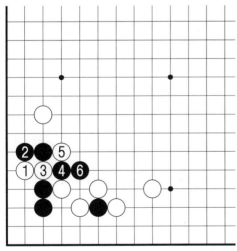

그림4

그림4(백, 죽음)

앞그림에 계속해서 백이 ①로 치중해서 흑은 ❷로 막아서 두게 된다. 백③으로 뚫어도 흑 ❹로 막고 나면 백돌만 잡히고 만다.

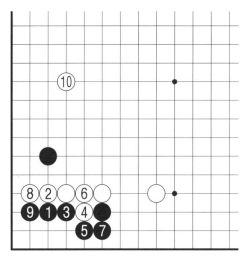

그림5

그림5 (정석)

흑❶로 침입하면 백은 ②로 막
는 한 수이다. 계속해서 흑❸으
로 연결하고 이하 백⑩까지가
기본 정석으로 되어 있다.

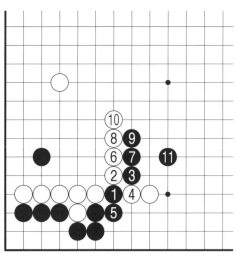

그림6

그림6 (정석 이후)

앞그림에 이어 흑은 ❶, ❸으
로 젖히는 것이 노림이다. 계속
해서 백④로 끊고 이하 흑⑪까
지 일단락인데, 피차 둘 만한
갈림이다.

146

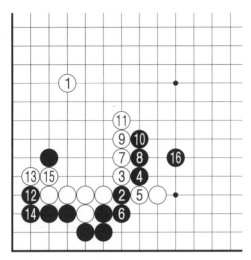

그림7

그림7(백, 불만)

백이 그림5의 정석처럼 귀를 선수하지 않고 곧장 ①로 전개하는 것은 좋지 않다. 흑은 ❷, ❹로 절단한 후 이하 흑⑯까지 처리해서 만족스런 결말이다. 기본 정석과는 실리에서 상당한 차이이다.

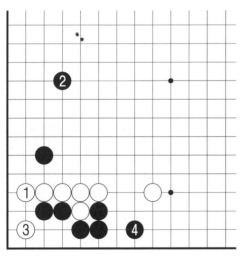

그림8

그림8(흑의 변화)

백①로 내려섰을 때 흑은 귀를 응수하지 않고 곧장 ❷로 전개하는 변화도 가능하다. 계속해서 백③에는 흑❹로 한 칸 뛰어 안정하게 된다.

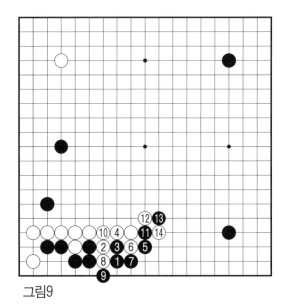

그림9

그림9(필연적인 수순)

흑❶로 한 칸 뛰면 백은
②로 젖히는 것이 요령이
다. 계속해서 흑❸으로 밀
어올리고 이하 백⑭까지
필연적인 수순. 계속해
서…

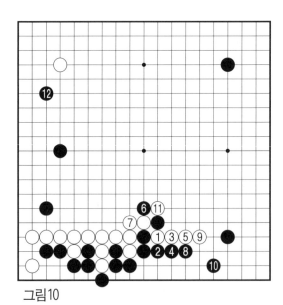

그림10

그림10(정석 완성)

백①로 끊으면 흑❷로 단
수치는 것이 정수이다. 계
속해서 백③으로 뻗고 이
하 백⑪까지 정석이 일단
락된 모습이다. 이 정석은
수순이 하변 전체를 차지
할 만큼 대형 정석에 해당
한다.

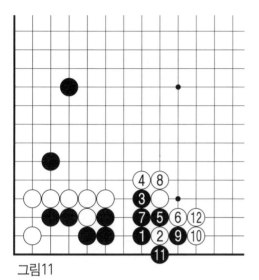

그림11

그림11(백, 불만)

흑❶로 한 칸 뛰었을 때 백②로 붙여서 막는 것은 좋지 않다. 흑은 ❸으로 붙인 후 백④때 흑❺, ❼로 끼워 잇는 것이 좋은 수순이다. 백⑧로 보강할 수밖에 없을 때 백⑫까지 선수로 안정해서는 흑이 우세하다.

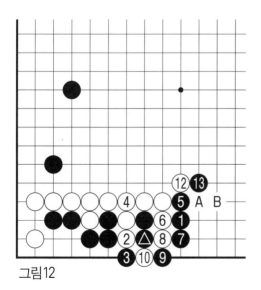

그림12

그림12(백, 수순 착오)

흑❶ 때 먼저 백②로 찌르는 것은 수순 착오이다. 흑은 ❸으로 단수친 후 ❺로 밀어올리게 되는데, 백⑥ 때 흑❼로 늦춰서 받는 것이 호착이다. 이 형태가 흑에게 유리한 이유는 흑⓭ 때 백이 A에 끊을 수 없다는 것이다. 백A라면 흑B로 단수쳐서 축이 된다.

(흑⓫ … 흑▲)

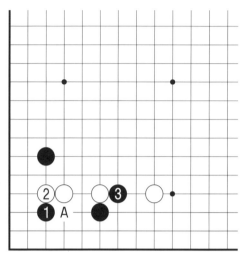

그림13

그림13(흑의 변화)

흑은 ❶로 침입한 후 백② 때 ❸으로 젖혀서 두는 변화도 가능하다. 흑❸으로는 보통이라면 A에 연결하는 것이다. 계속해서…

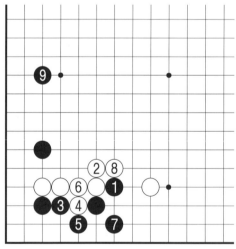

그림14

그림14(흑, 만족)

흑❶로 젖혔을 때 백②로 뻗는 것은 백이 좋지 않다. 흑은 ❸으로 연결한 후 이하 흑❾까지 처리해서 양쪽을 모두 둔 모습이다.

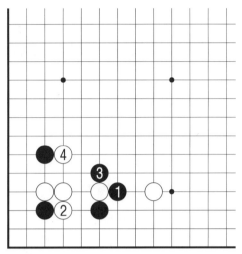

그림15

그림15〈기세의 선택〉

흑❶로 젖히면 백은 기세상 ②로 막는 한 수이다. 계속해서 흑❸으로 단수친다면 백④로 붙이는 것이 요령이다. 계속해서…

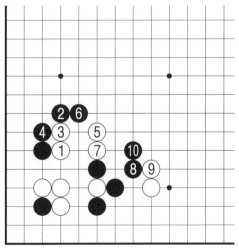

그림16

그림16〈난해한 전투〉

백①로 붙이면 흑은 ❷로 늦춰서 받는 것이 행마법이다. 계속해서 백③으로 치받고 이하 흑❿까지의 진행이 되는데, 피차 앞을 내다볼 수 없는 치열한 전투의 양상이다.

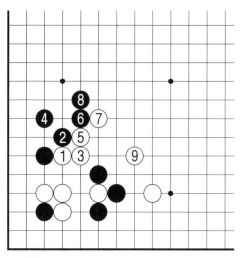

그림17

그림17 (흑, 불만)

백①로 붙였을 때 곧장 흑②로 젖히는 것은 이 경우 좋지 않다. 백③으로 뻗으면 흑은 ❹로 호구쳐서 보강하는 정도인데, 백⑤, ⑦을 선수한 후 ⑨로 봉쇄하는 수가 통렬해서 흑이 곤란한 모습이다.

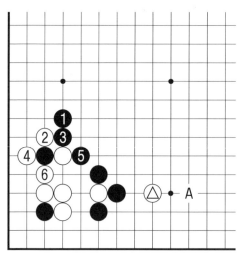

그림18

그림18 (흑, 만족)

흑❶로 늦춰 받았을 때 백②로 젖히는 것은 이번엔 백의 실수. 흑은 ❸, ❺를 선수한 후 A 방면에 두어 백 한 점을 공격해서 대만족이다.

152

붙여 뻗음

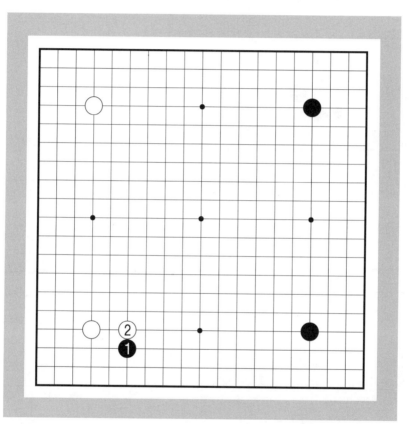

흑❶로 걸쳤을 때 백②로 붙인 모습이다. 붙임 정석은 접
바둑에서 흔히 두어지는 정석이었지만 요근래엔 호선바둑
에서도 자주 두어지고 있다. 백②로 붙인 이후의 정석 변
화를 검토해 보기로 한다.

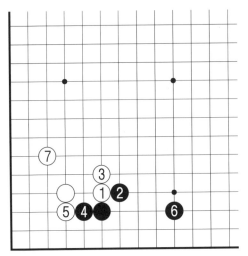

그림1

그림1 (정석)

백①로 붙이면 흑❷로 젖히는 것이 가장 일반적인 행마법이다. 계속해서 백③으로 뻗고 이하 백⑦까지가 기본 정석이다.

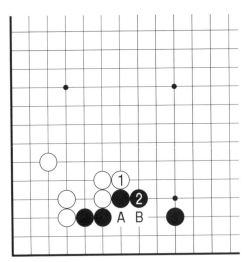

그림2

그림2 (정석 이후)

그림1의 정석 이후 백①로 밀어서 흑❷로 뻗게 하는 것은 거의 대부분 악수가 될 가능성이 높다. 백은 A의 약점을 노리면서 B로 치중하는 노림수를 간직하는 것이 좋다.

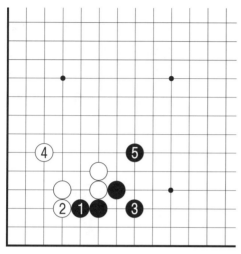

그림3

그림3(또 다른 정석)

흑은 ❶로 밀고 백② 때 흑❸으로 호구치는 변화도 가능하다. 흑❸은 백④로 받을 때 흑❺로 날일자해서 중앙을 키우고자 할 때 두는 것이 보통이다.

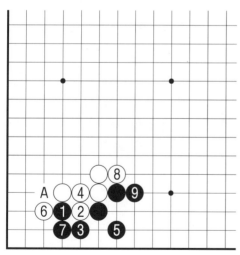

그림4

그림4(흑의 변화)

흑은 ❶로 붙여서 두는 수도 가능하다. 계속해서 백②, ④로 끼워 잇고 이하 흑❾까지가 기본 정석인데, 흑의 실리가 튼실하다. 이후 흑은 A로 끊는 수를 노리고 있다.

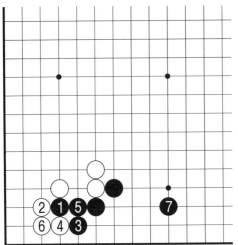

그림5

그림5(대동소이)

흑❶로 붙였을 때 백은 ②로 젖혀서 응수하는 수도 가능하다. 계속해서 흑❸으로 마늘모 하고 이하 흑❼까지가 기본 정석이다.

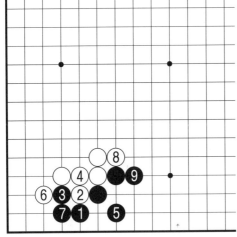

그림6

그림6(정석 환원)

흑은 ❶로 입구자해서 두는 변화도 가능하다. 계속해서 백② 로 둔다면 흑❸으로 단수친 후 이하 ❾까지 처리해서 그림4의 정석으로 환원된 모습이다.

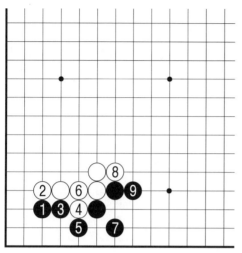

그림7

그림7 (흑, 만족)

흑❶로 3·三에 침입하는 것은 욕심이 과한 수이다. 그러나 백이 ②로 막는다면 흑❸으로 연결해서 앞그림의 정석보다도 흑이 더욱 우세한 결말이다.

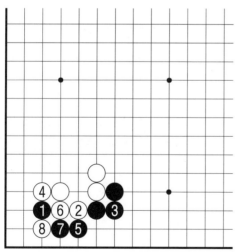

그림8

그림8 (백의 반발)

흑❶에는 당연히 ②로 막고 버틸 것이다. 계속해서 흑❸으로 잇는다면 그때 백④로 막는 것이 수순. 흑❺, ❼에는 백⑧까지 귀를 차지해서 충분한 모습이다.

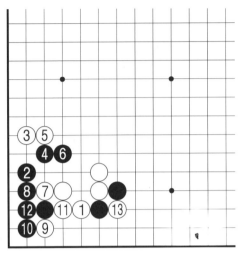

그림9

그림9(백, 호조)

백① 때 흑❷로 날일자한다면 백③으로 공격하는 것이 좋은 수이다. 계속해서 흑❹, ❻으로 탈출을 시도한다면 이하 백⑬까지 처리해서 백이 우세한 모습이다.

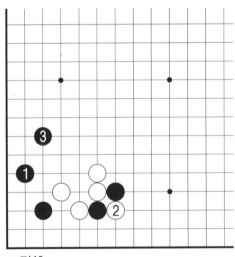

그림10

그림10(흑, 충분)

흑❶로 날일자했을 때 백②로 단수쳐서 두는 것은 기백이 부족하다. 흑❸으로 날일자하면 흑도 손쉽게 안정한 모습이므로 충분히 둘 수 있다.

붙여 막음

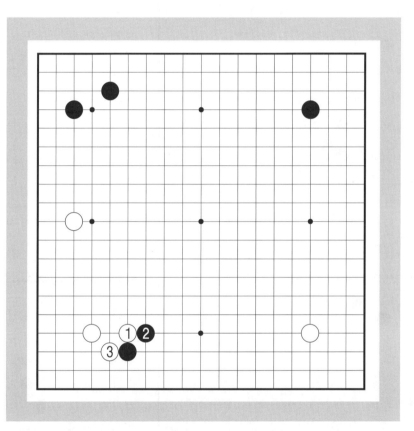

백①로 붙이고 흑❷로 젖혔을 때 백③으로 호구쳐서 막는 것이 보다 더 실전적인 수이다. 붙여서 막는 정석은 이창호 九단이 실전에서 자주 사용함으로써 유행하게 된 정석이다.

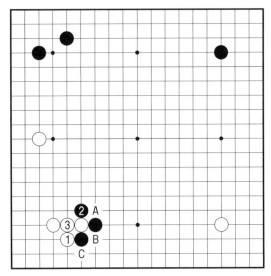

그림1

그림1(선택의 기로)

백①로 호구치면 흑은 ❷로 단수치는 한 수이다. 백③으로 이었을 때가 흑으로선 선택의 기로이다. 생각할 수 있는 흑의 착점은 A, B, C이다.

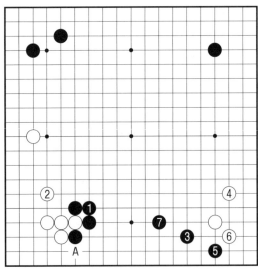

그림2

그림2(중앙에 중점)

흑❶로 이은 것은 중앙에 중점을 둔 것이다. 백은 ②로 받는 것이 기본적인 응수법. 계속해서 흑❸으로 걸치고 이하 흑❼까지가 기본 정석이다. 계속해서 흑이 A에 뻗으면 이상적으로 형태가 굳어지므로 백은 손을 써야 한다.

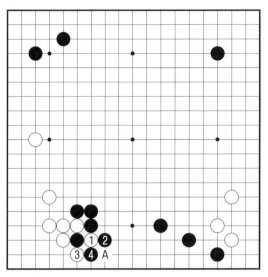

그림3

그림3(후속 수단)

백①로 단수쳐서 흑 한 점을 잡는 것이 가장 보편적인 처리법이다. 흑은 ❷로 단수친 후 ❹에 두어서 패로 버티는 것이 요령이다. 패가 싫다면 A에 내려서는 수도 가능하다.

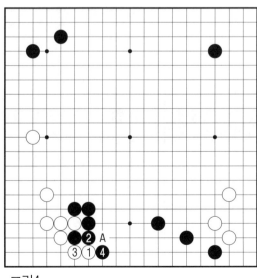

그림4

그림4(백, 만족)

백은 ①로 날일자해서 두는 수도 가능하다. 계속해서 흑❷로 잇는다면 백③으로 연결하는 것이 요령. 흑❹ 이후 A의 약점을 노릴 수 있다는 것이 백의 노림이다.

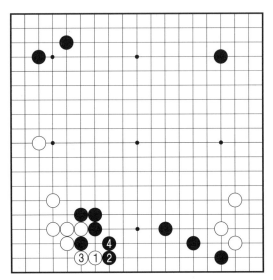

그림5

그림5(흑의 응수법)

백①에는 흑❷로 붙여서 응수하는 것이 요령이다. 백③으로 단수친다면 흑 ❹로 뻗어서 형태를 정비할 수 있다.

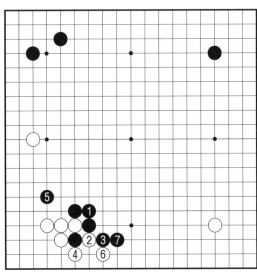

그림6

그림6(백, 성급)

흑❶로 이었을 때 곧장 백 ②로 단수쳐서 흑 한 점을 따내는 것은 성급하다. 흑 은 ❸으로 단수친 후 ❺로 날일자하는 것이 좋은 수 순이다. 백⑥, 흑❼까지 의 결과는 흑이 두텁다.

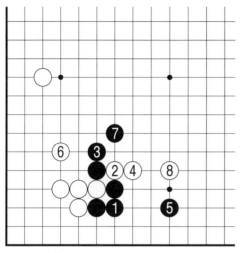

그림7

그림7(흑, 무겁다)

흑❶로 잇는 것은 무거워서 대부분 흑이 좋지 않다. 백은 곧장 백②로 끊는 것이 좋은 수로 이하 백⑧까지 우세한 싸움을 전개할 수 있다.

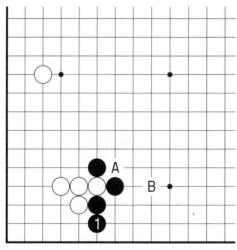

그림8

그림8(2선 내려섬)

흑❶로 내려서는 수가 가장 보편적인 응수법이다. 흑❶로 내려서면 백은 A에 끊는 수와 B에 다가서는 수 중 하나를 선택하게 된다.

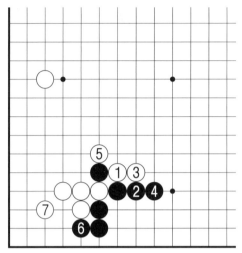

그림9

그림9 (정석)

백①로 끊는 변화이다. 계속해
서 흑❷로 뻗고 이하 백⑦까지
가 기본 정석. 이 형태는 실전
에 흔히 등장하는 정석으로서
피차 불만 없다.

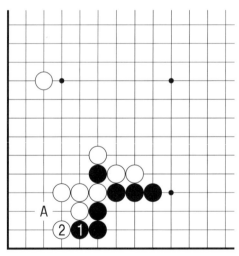

그림10

그림10 (백의 욕심)

앞그림의 수순 중 흑❶로 밀었
을 때 백②로 막는 것은 욕심이
지나친 수이다. 이후 귀에는 흑
A로 들여다보는 수가 성립하는
만큼 백집이라고 보기 힘들다.

164

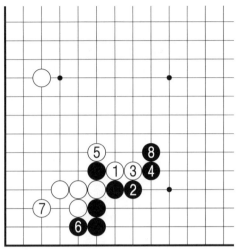

그림11

그림11(세력을 중시)

백①, ③ 때 흑은 ❹로 젖혀서 둘 수도 있다. 계속해서 백⑤로 단수치고 흑❻, 백⑦까지 진행되었을 때 흑❽로 뻗겠다는 것이 흑의 작전이다. 그러나 끊기는 약점이 남는 만큼 일장 일단이 있다고 할 수 있다.

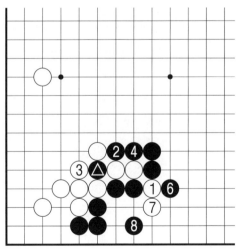

그림12

그림12(무리한 절단)

백으로선 끊는 시기를 잘 선택해야 하는데, 곧장 백①로 끊는 것은 좋지 않다. 흑은 ❷, ❹를 선수한 후 ❻으로 단수치는 것이 좋은 수순이다. 백⑦에는 흑 ❽로 형태를 정비해서 백이 곤란한 형태이다.

(백⑤ … 흑▲)

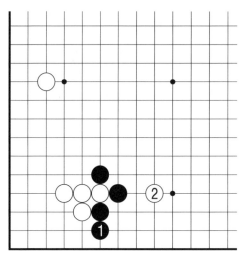

그림13

그림13 (백의 적극책)

흑❶로 내려섰을 때 백은 ②로 다가서서 적극적으로 두는 수도 가능하다. 백②는 하변을 중시하고자 할 때 가능한 수단이다.

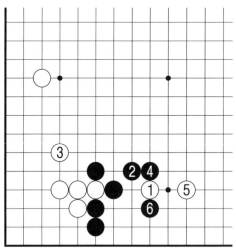

그림14

그림14 (정석)

백① 때 흑❷로 호구치면 가장 알기 쉽다. 계속해서 백③으로 받고 이하 흑❻까지가 기본 정석으로 되어 있다.

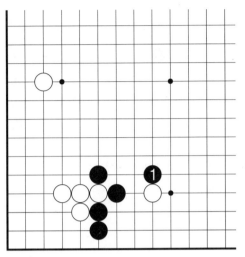

그림 15

그림 15 (흑의 변화)

백의 다가섬에 흑은 ❶로 붙여서 응수하는 수도 가능하다. 흑❶은 중앙을 중시하고자 할 때 두는 것이 보통이다. 계속해서…

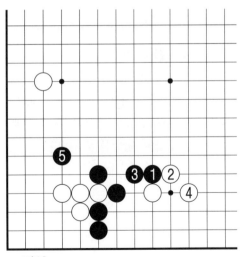

그림 16

그림 16 (흑, 만족)

흑❶로 붙였을 때 무심코 백②로 젖히는 것은 대악수이다. 흑❸으로 뻗으면 백은 ④로 보강해야 하는데, 흑❺의 봉쇄가 통렬하다.

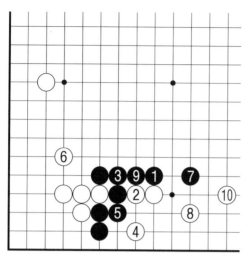

그림17

그림17(정석)

흑❶에는 백②로 치받은 후 ④로 한 칸 뛰는 것이 좋은 수순이다. 계속해서 흑❺로 잇고 이하 백⑩까지가 기본 정석인데, 백으로선 양쪽을 모두 처리해서 충분한 모습이다.

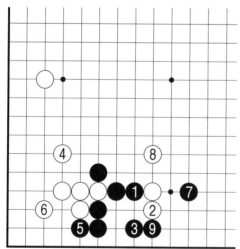

그림18

그림18(백, 충분)

흑❶로 치받는 수는 특별한 경우에 가능한 수단이다. 그러나 백②로 내려서고 이하 흑❾까지의 진행을 예상할 때 아무래도 백이 활발한 모습이다.

양걸침 정석

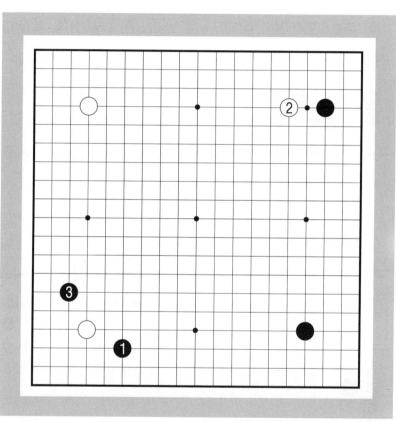

흑❶로 걸쳤을 때 백이 손을 빼서 다른 곳에 둔 장면이다. 백②로 손을 돌리면 흑❸으로 양걸침하는 것은 기세의 진행이라고 할 수 있다. 그럼 흑❸으로 양걸친 이후의 진행을 검토해 보기로 한다.

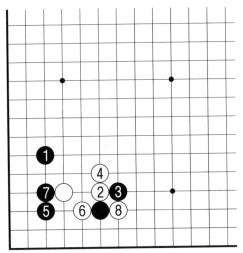

그림1

그림1(정석)

흑❶로 양걸치면 백은 ②로 붙이는 것이 보통이다. 계속해서 흑❸으로 젖히고, 이하 백⑧까지 일단락인데, 기본 정석에 해당한다.

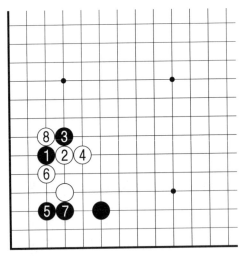

그림2

그림2(가능한 붙임)

흑❶ 때 백은 ②로 붙이는 것도 가능하다. 계속해서 흑❸으로 젖히고, 이하 백⑧까지 앞그림과 동일한 정석 수순이다.

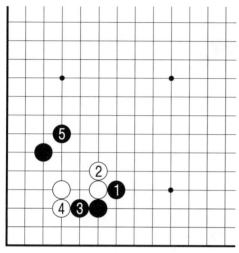

그림3

그림3(간명을 거부)

흑❶, 백②때 흑❸으로 밀고
들어간 것은 간명한 진행을 거
부한 것이다. 백은 ④로 막아야
하는데, 흑❺로 입구자한 수가
이 경우 적절한 행마법이다. 계
속해서…

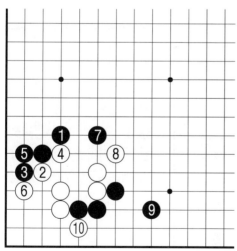

그림4

그림4(정석)

그림3에 계속되는 진행이다.
흑❶로 입구자하면 백은 ②로
마늘모 붙여서 끊기는 약점을
보강하게 된다. 계속해서 흑❸
으로 젖히고 이하 백⑩까지 일
단락인데, 피차 불만 없는 정석
진행이다.

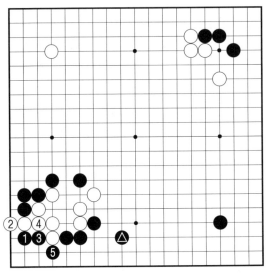

그림5

그림5(백, 미생마)

흑▲ 때 백이 손을 빼는 것은 생각하기 힘들다. 흑은 ❶로 붙이는 것이 좋은 수로 백② 때 흑❸, ❺로 넘어서 백 전체를 미생마로 만들 수 있다.

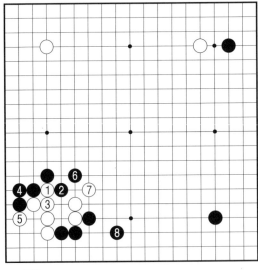

그림6

그림6(악수 교환)

백① 때 흑❷로 단수치는 것은 대악수이다. 계속해서 백③으로 잇고 이하 흑❽까지 정석 진행과 비슷한 수순이지만 그림4와 달리 백은 귀를 보강하지 않아도 된다.

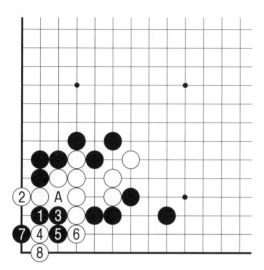

그림7

그림7(흑, 불발)

백은 귀를 보강하지 않아도 이상이 없다. 흑❶로 붙인다면 백②로 내려서고 흑❸ 때 백은 A로 잇지 않고 ④로 붙이는 맥점을 준비하고 있다. 이하 백⑧까지 흑은 괜히 보태 준 꼴이 되고 말았다.

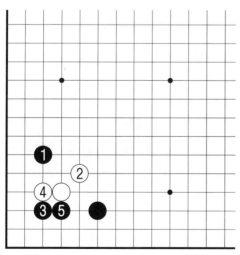

그림8

그림8(백의 입구자)

흑❶로 양걸침했을 때 백은 ②로 입구자해서 두는 수도 가능하다. 계속해서 흑❸으로 침입하고 백④, 흑❺까지는 가장 일반적인 정석 수순이다. 계속해서…

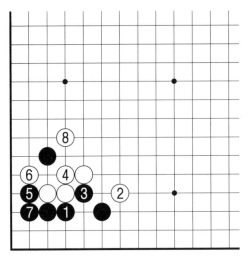

그림9

그림9 (정석)

앞그림에 계속해서 흑❶에는 백 ②로 씌우는 것이 요령이다. 흑 은 ❸을 선수한 후 ❺, ❼로 젖혀 잇게 되는데, 백⑧까지가 기본 정석으로 되어 있다.

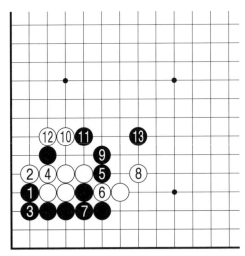

그림10

그림10 (백, 무겁다)

흑❶, ❸으로 젖혀 이었을 때 백이 앞그림처럼 처리하지 않고 ④로 잇는 것은 너무 무겁다. 흑은 ❺로 젖힌 후 이하 ⓭까 지 양쪽을 공격하는 형태를 갖 추어서 충분한 싸움이다.

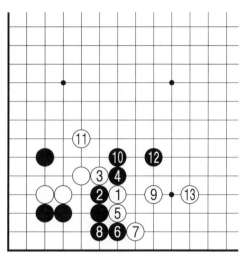

그림11

그림11(흑의 강수)

백①로 씌웠을 때 흑은 곧장
❷, ❹로 절단하는 강수도 성
립한다. 계속해서 백⑤로 막고
이하 백⑬까지가 예상되는 진
행인데, 이후 중앙 전투가 관건
이다.

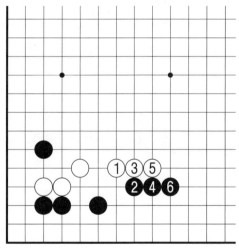

그림12

그림12(흑, 충분)

그림11과 같은 전투를 피하고
싶다면 백①로 한 칸 뛰는 정도
이다. 그러나 흑❷로 받은 후
이하 ❻까지 하변을 집으로 굳
혀서는 흑이 우세한 결말이다.

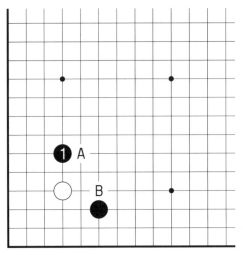

그림13

그림13 (높은 양걸침)

흑은 ❶로 한 칸 높게 양걸침하는 수도 가능하다. 이후 백은 A와 B에 붙이는 수 모두 가능하다.

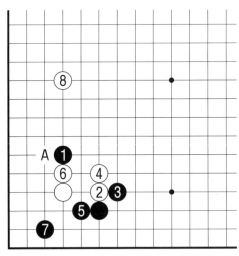

그림14

그림14 (정석)

흑❶ 때 백②로 붙이는 변화이다. 계속해서 흑❸으로 젖히고 이하 백⑧까지가 기본 정석이다. 수순 중 백⑧로는 두텁게 A에 젖히는 것도 가능하다.

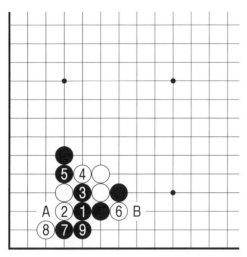

그림15

그림15 (백의 무리수)

흑❶로 뻗었을 때 백②로 막는
것은 무리수이다. 흑은 곧장
❸, ❺로 절단하는 것이 강수
이다. 계속해서 백⑥으로 끊는
다면 흑❼, ❾로 젖혀 잇는 것
이 요령으로 이후 A와 B를 맞
보기로 해서 백이 곤란한 모습
이다.

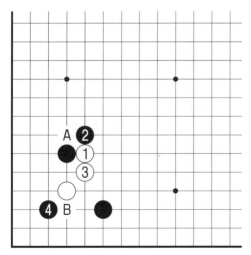

그림16

그림16 (가능한 변화)

백은 ①로 붙여서 변화할 수도
있다. 흑은 ❷로 젖힌 후 ❹로
침입하게 되는데, 백으로선 A에
끊을 것인지 B에 막을 것인지
선택의 기로에 서게 된다.

177

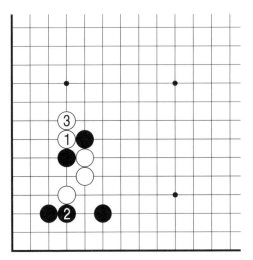

그림17

그림17 (정석)

백①로 끊는 수는 중앙을 두텁게 하고자 할 때 가능한 수단이다. 계속해서 흑❷로 연결하고 백③으로 뻗기까지 정석이 일단락된다.

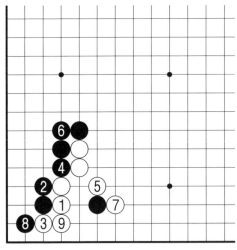

그림18

그림18 (하변을 중시)

백①로 막은 것은 하변을 중시하겠다는 뜻이다. 계속해서 흑❷로 연결하고 이하 백⑨까지가 기본 정석이다.

3 · 三 침입

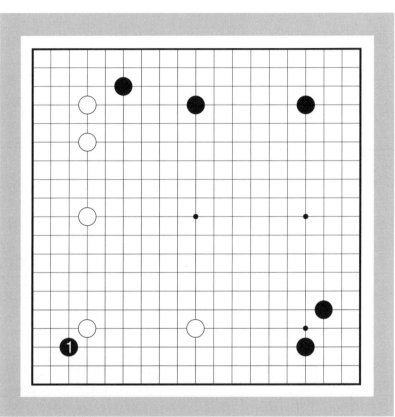

화점의 가장 큰 약점은 3 · 三이다. 그러나 침입의 시기를
적절히 선택하지 않으면 대세를 그르치기 쉽다. 지금처럼
화점에서 양쪽 변으로 전개한 형태라면 흑❶로 3 · 三에 침
입하는 것이 시급해진다. 그럼 이후의 정석 변화를 검토해
보기로 한다.

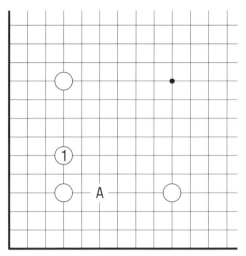

그림1

그림1(이상적인 백)

흑이 3·三 침입을 게을리해서 백①을 허용하면 이젠 백 진영에 침입하기 쉽지 않다. 백①로는 A에 두어도 비슷한 결과이다.

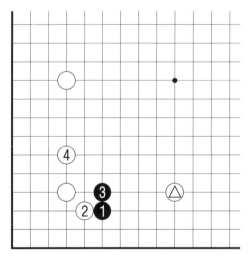

그림2

그림2(흑, 고전)

흑이 3·三에 들어가지 않고 ❶로 걸치는 것은 고전을 자초하는 격이다. 백은 ②로 마늘모 붙이는 것이 좋은 수로 이하 백④까지 흑을 공격해서 호조의 흐름이다. 무엇보다 백△ 한 점이 공격에 가담하고 있다는 것이 자랑이다.

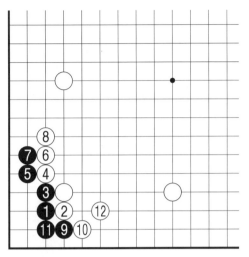

그림3

그림3(정석)

흑❶로 침입하면 백은 어느쪽으론가 막아야 한다. 계속해서 백②로 막고 이하 백⑫까지는 가장 기본적인 정석에 해당한다.

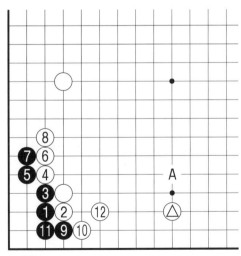

그림4

그림4(절호의 삭감수)

백△처럼 백돌이 3선에 놓여 있는 상황이라면 흑❶ 때 백②로 막는 것은 방향 착오가 될 가능성이 높다. 이하 백⑫ 이후 흑A로 모자씌워 삭감하는 절호점이 남기 때문이다.

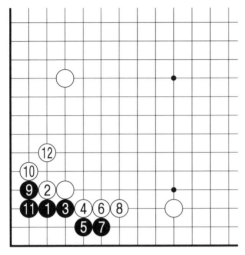

그림5

그림5 (올바른 방향)

흑❶에는 백②로 막는 것이 이 경우 올바른 방향이다. 계속해서 흑❸으로 밀고 이하 백⑫까지의 정석을 예상할 때 그림4와 같은 삭감수를 미연에 방지할 수 있다.

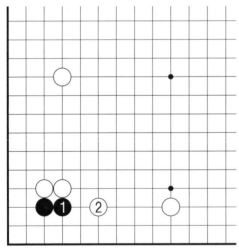

그림6

그림6 (백의 변화)

흑❶로 밀었을 때 백은 곧장 두 점머리를 두드리지 않고 ②로 날일자해서 두는 변화도 가능하다. 백②는 근래에 와서 더욱 유행하는 정석 변화이다.

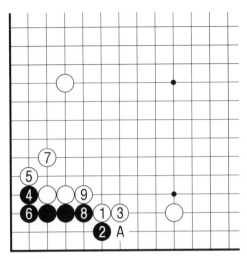

그림7

그림7(정석)

백①로 날일자하면 흑은 ❷로 붙이는 것이 맥점이다. 계속해서 백③으로 뻗고 이하 백⑨까지가 기본 정석이다. 이 정석은 그림3의 정석과 비교할 때 A의 곳이 30여 집에 해당하는 큰 곳으로 남게 된다.

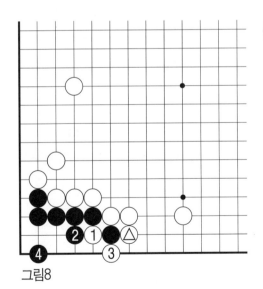

그림8

그림8(실리의 요처)

백이 △로 막고 나면 흑은 손을 빼는 것이 일반적이다. 계속해서 백은 ①, ③으로 단수쳐서 흑 한 점을 잡는 것이 선수가 된다.

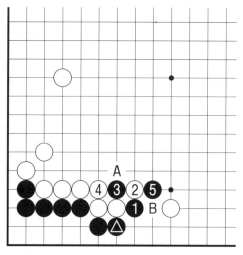

그림9

그림9 (흑의 처리법)

흑이 ⚫를 차지한 상황이라면 ❶로 젖히는 노림이 남는다. 계속해서 백②로 젖힌다면 흑❸, ❺로 단수쳐서 수단을 부릴 수 있다. 이후 백이 A에 따낸다면 흑B로 이어서 충분한 모습이다.

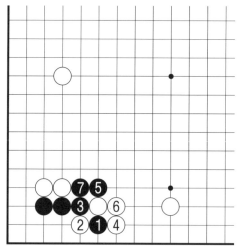

그림10

그림10 (백, 망함)

흑❶로 붙였을 때 백이 정석 수순을 따르지 않고, ②로 젖히는 것은 매우 좋지 않다. 흑은 ❸으로 끊은 후 이하 ❼까지 백을 좌우로 분단시켜서 대만족이다.

184

이단젖힘 정석

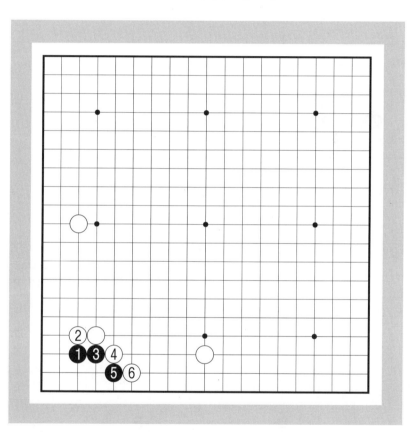

흑❶로 3·三 침입하고 백② 이하 흑❺까지 진행되었을 때 백⑥으로 이단젖히는 변화이다. 백⑥은 귀의 실리를 차지하고자 할 때 두는 것이 보통이다.

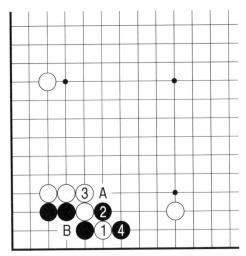

그림1

그림1(선택의 기로)

백①로 이단젖히면 흑은 ❷,
❹로 단수쳐서 백 한 점을 잡는
것이 가장 일반적이다. 계속해
서 백은 A에 단수칠 것인지 B
에 끊을 것인지 선택의 기로에
서게 된다.

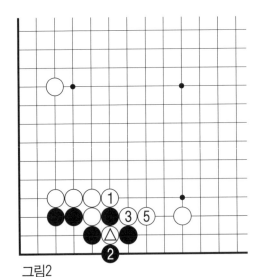

그림2

그림2(세력에 중점)

백①로 단수친 것은 세력에 중
점을 두겠다는 뜻이다. 흑은 ❷
로 따내는 한 수이며, 이하 백
⑤까지가 일반적인 정석 진행이
다.

(흑❹ … 백△)

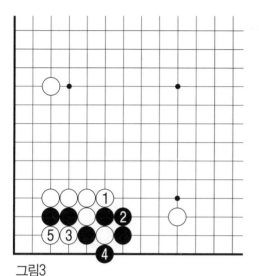

그림3

그림3(흑, 불만)

백① 때 흑❷로 잇는 것은 심한 굴복형이다. 백은 ③으로 단수친 후 이하 ⑤까지 실리를 차지해서 양쪽을 모두 처리한 모습이다.

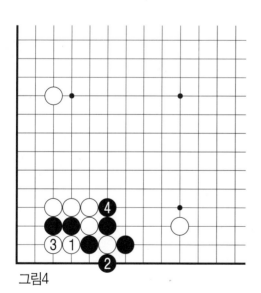

그림4

그림4(실리를 중시)

곧장 백①로 끊은 것은 실리를 중시하겠다는 뜻이다. 계속해서 흑❷로 따내고 이하 흑❹까지가 일반적인 정석 수순이다.

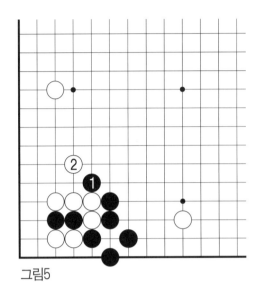

그림5

그림5(흑의 활용)

그림4에 이어 흑은 **1**로 젖히는 것이 선수 활용이 된다. 백은 ②로 한 칸 뛰어 지켜 두는 것이 정수이다.

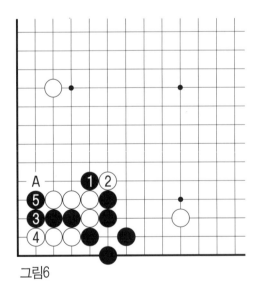

그림6

그림6(백, 무리)

흑**1**로 젖혔을 때 백②로 끊는 수는 성립하지 않는다. 흑은 **3**으로 나간 후 백④ 때 흑**5**로 움직이는 수가 성립한다. 이후 백은 A에 막을 수 없는 만큼 파멸이다.

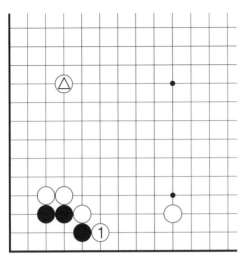

그림7

그림7(배석 관계)

백△처럼 4선에 돌이 놓여 있다면 백①로 이단젖히는 수는 잘 사용되지 않는다. 그러나 흑이 응수를 정확히 하지 못하면 도리어 백①의 이단젖힘이 호착으로 변하게 된다.

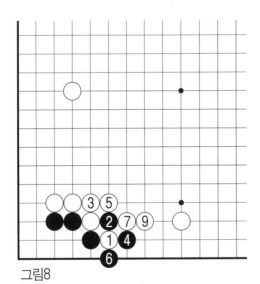

그림8

그림8(백, 충분)

백①로 이단젖혔을 때 흑❷, ❹로 단수쳐서 백 한 점을 잡는 것은 백으로선 환영하는 변화이다. 백은 ⑤, ⑦을 선수한 후 ⑨까지 형태를 정비해서 충분한 모습이다.

(흑❽ … 백①)

189

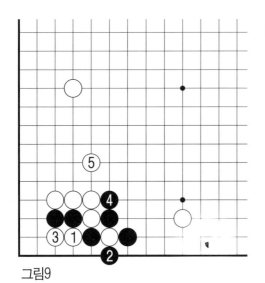

그림9

그림9 (백, 불만)

백이 그림8의 수순을 따르지 않고 ①, ③으로 단수쳐서 귀의 실리에 연연하는 것은 좋지 않다. 흑❹, 백⑤까지 흑이 만족스런 모습이다.

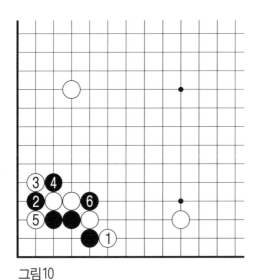

그림10

그림10 (흑의 노림수)

백①로 이단젖혔을 때 흑은 ❷로 젖힌 후 ❹에 끊는 것이 좋은 수순이다. 계속해서 백⑤로 단수친다면 흑❻으로 양단수쳐서 백이 망한 모습이다.

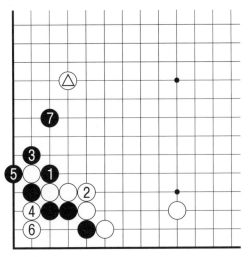

그림11

그림11(흑, 충분)

흑❶로 끊었을 때 백②로 잇는
다면 흑❸, ❺로 단수쳐서 충
분하다. 백⑥까지 귀가 잡히지
만 흑❼로 전개하면 백△가 약
해지는 만큼 이 결과는 흑이 충
분하다.

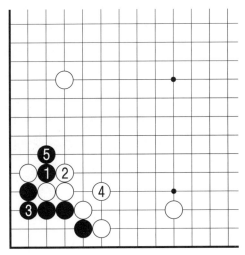

그림12

그림12(최강의 저항)

흑❶로 끊었을 때 백②로 단수
친 후 ④로 호구치는 것이 백으
로선 최강의 저항이다. 그러나
흑❺로 움직이는 수가 성립해
서는 백이 좋은 결과를 기대하
기 힘들다.

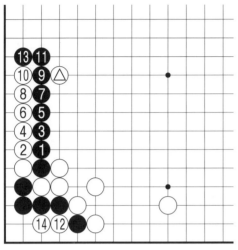

그림13

그림13(흑, 충분)

흑❶로 움직이면 백은 기세상 ②이하로 움직일 수밖에 없다. 계속해서 흑❸으로 뻗고 이하 백⑭까지가 예상되는 진행이다. 이 결과는 백이 귀를 차지했지만 백△ 한 점을 제압한 흑의 세력이 워낙 두터운 모습이다.

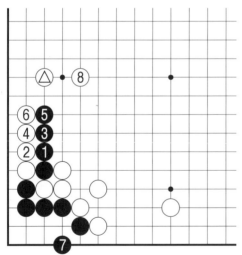

그림14

그림14(차이점)

그러나 백△처럼 3선에 돌이 놓여 있다면 백⑥으로 넘을 수 있는 만큼 이 결과는 도리어 백이 우세하다. 흑❼로 귀를 살린다면 백⑧로 한 칸 뛰어 흑 넉 점을 크게 공격할 수 있다.

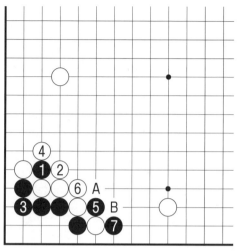

그림15

그림15 (흑, 만족)

흑❶로 끊고 백②, 흑❸까지 진행되었을 때 백이 ④로 따내는 것은 좋지 않다. 흑은 ❺, ❼로 단수쳐서 흑 한 점을 제압해서 충분하다. 이후 백A로 단수친다면 흑B로 잇는 것이 요령이다.

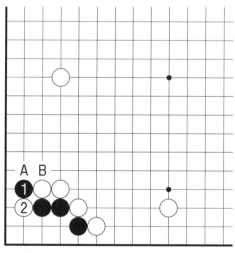

그림16

그림16 (백의 연구)

흑❶로 젖혔을 때 백이 A에 막는 것은 흑B로 끊겨서 백이 좋지 않다. 그래서 생각해 낸 수가 흑❶ 때 백②로 끊는 수이다. 계속해서…

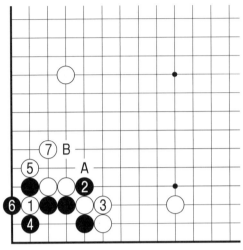

그림17

그림17(최선의 수순)

백①로 끊으면 흑은 ❷로 단수친 후 ❹, ❻으로 백 한 점을 잡는 것이 좋은 수순이다. 백은 ⑤, ⑦로 두어 형태를 정비하게 되는데, 흑으로선 A와 B를 활용할 수 있는 만큼 충분한 모습이다.

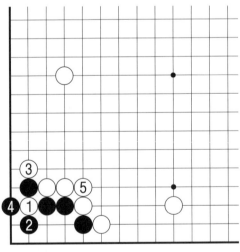

그림18

그림18(백, 만족)

백① 때 단순히 흑❷로 단수치는 것은 좋지 않다. 백은 ③을 선수한 후 ⑤에 이어서 앞그림보다 더욱 두터운 형태를 구축할 수 있다.

눈목자 정석

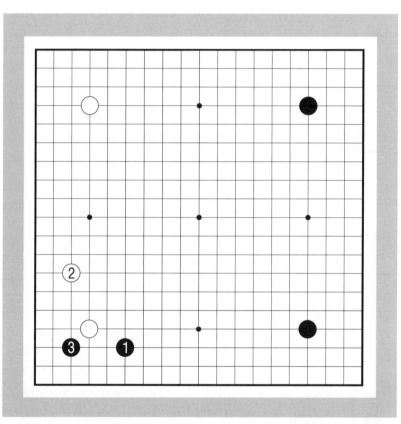

흑❶로 걸쳤을 때 백②처럼 눈목자로 받는 수는 한때 꽤나
유행했던 수단이다. 그러나 요근래에는 흑❸으로 침입했을
때 귀의 실리를 너무 쉽게 허용하는 만큼 날일자로 받는 것
에 비해 사용 빈도가 더 떨어진다고 할 수 있다.

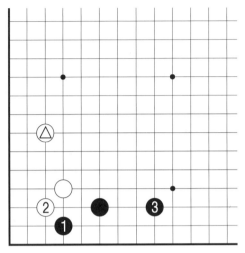

그림1

그림1(백, 충분)

흑이 3·三에 침입하지 않고 ❶로 날일자한 후 ❸으로 두 칸 벌리는 것은 이 경우 의문이다. 백은 날일자로 받은 것에 비해 백△와의 간격이 넓어서 더욱 유리한 모습이다.

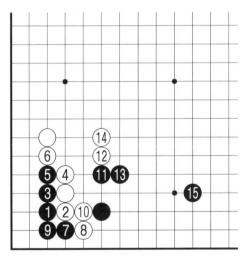

그림2

그림2(정석)

흑❶로 침입하면 백은 ②로 막는 것이 보편적이다. 계속해서 흑❸으로 밀고 이하 흑⓯까지가 기본 정석이다. 흑은 양쪽을 활발하게 처리한 모습이다.

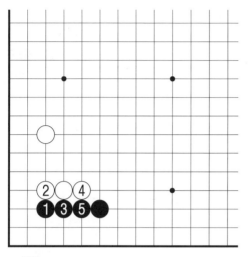

그림3

그림3(백, 불만)

흑❶ 때 백②로 막는 것은 특별한 경우나 가능한 방법. 지금처럼 주변의 배석 관계가 전혀 상관없다면 이하 흑❺까지 흑에게 허용한 실리가 큰 만큼 백이 불리하다.

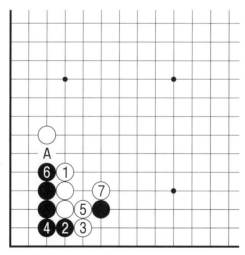

그림4

그림4(수순 변경)

백①로 뻗었을 때 흑이 ❻으로 밀지 않고 먼저 흑❷, ❹를 결정짓는 것은 이 경우 의문이다. 뒤늦게 흑❻으로 두어도 백은 A에 받지 않고 ⑦로 젖혀 흑 한 점을 제압할 가능성이 높다.

197

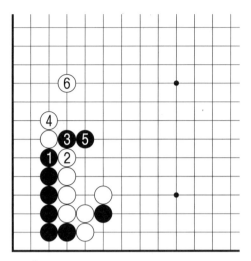

그림5

그림5(백, 충분)

앞그림에 계속해서 흑❶, ❸으로 나가 끊는 것이 염려되지만 백④, ⑥으로 응수하면 백은 유리한 싸움을 전개할 수 있다.

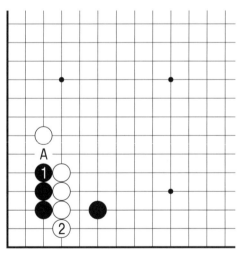

그림6

그림6(새로운 신형 정석)

흑❶ 때 백은 A에 치받지 않고 ②로 내려서서 두는 것이 최근에 더욱 유행하는 수단이다.
계속해서…

198

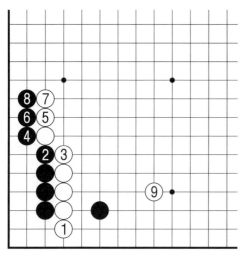

그림7

그림7(정석)

앞그림에 계속해서 백①에는 흑❷로 치받은 후 이하 ❽까지 삶을 도모하는 정도이다. 계속해서 백⑨로 공격해서 정석이 일단락된 모습이다.

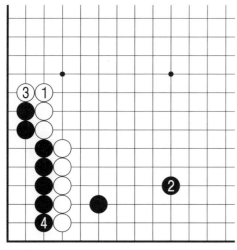

그림8

그림8(흑, 불만)

백① 때 흑이 2선을 한 번 더 밀지 않고 ❷로 전개하는 것은 좋지 않다. 백③으로 막는 것이 귀의 사활 관계상 선수가 된다는 것이 흑의 불만이다.

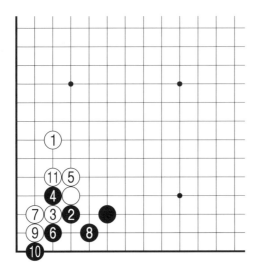

그림9

그림9 (또 다른 처리)

백①로 받았을 때 흑은 3·三에 들어가지 않고 ❷로 붙인 후 ❹에 끊는 수도 가능하다. 계속해서 백⑤로 뻗은 것은 간명을 기한 것이며, 이하 백⑪까지가 기본 정석이다.

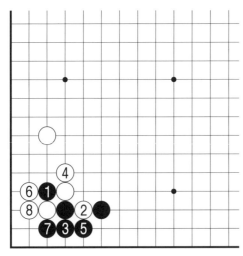

그림10

그림10 (백의 변화)

흑❶로 끊었을 때 백은 ②로 단수친 후 ④에 뻗는 변화도 가능하다. 계속해서 흑❺로 넘고 이하 백⑧까지가 기본 정석이다.

200

소목 한 칸 높은 걸침

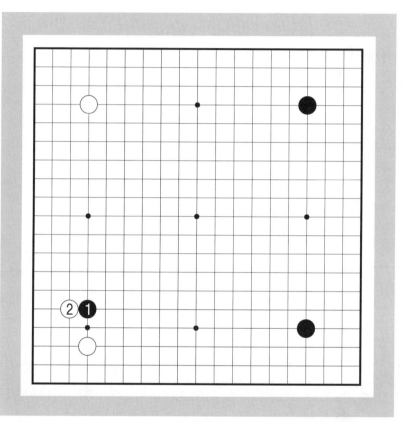

흑❶의 한 칸 높은 걸침에 백②처럼 날일자로 붙인 것은
간명하게 귀의 실리를 차지하겠다는 뜻이 강하다. 이 형태
는 예나 지금이나 여전히 유행하고 있는 정석이기도 하다.
그럼 백② 이후의 변화를 검토해 보기로 한다.

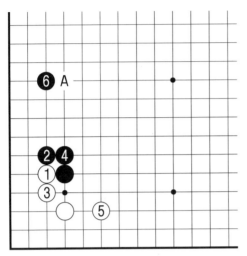

그림1

그림1(정석)

백①로 붙이면 흑❷로 젖히는 것이 가장 일반적이다. 계속해서 백③으로 잇고 이하 흑❻까지가 기본 정석이다. 수순 중 흑❻으로는 A도 가능하다.

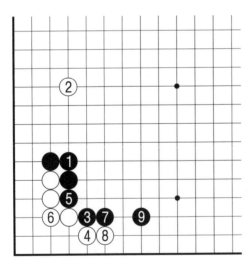

그림2

그림2(흑, 두터움)

흑❶로 이었을 때 백이 그림1의 정석 수순을 따르지 않고 ②로 다가서는 것은 좋지 않다. 흑은 ❸으로 붙이는 것이 좋은 수로 이하 ❾까지 두터움을 확립해서 유리하다.

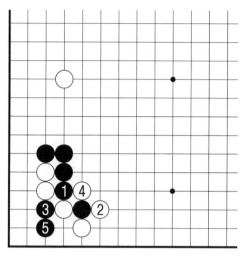

그림3

그림3(흑, 충분)

그림2의 수순 중 흑❶ 때 백이
②로 단수친다면 흑❸으로 끊
는 것이 좋다. 백④ 때 흑❺로
뻗으면 귀의 실리가 크다.

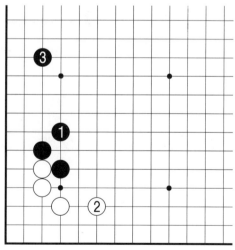

그림4

그림4(호구 이음)

정석 수순 중 흑은 ❶로 호구쳐
서 두는 수도 가능하다. 백②로
받는다면 흑❸으로 한 칸 더 변
으로 벌릴 수 있다는 것이 특징
이다.

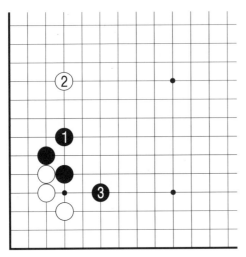

그림5

그림5 (백의 반발)

흑❶로 호구쳤을 때 백은 좌변을 중시하여 ②로 다가서는 수도 가능하다. 계속해서 흑은 ❸으로 날일자해서 두는 것이 보통이다. 이후 백은 손을 빼서 큰 곳에 선행하게 된다.

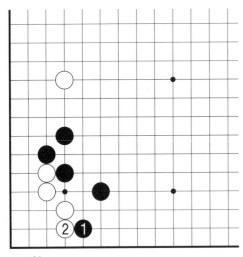

그림6

그림6 (흑의 활용)

흑은 ❶로 날일자해서 선수 활용하게 된다. 이 형태는 흑과 백 충분히 둘 수 있는 갈림이다.

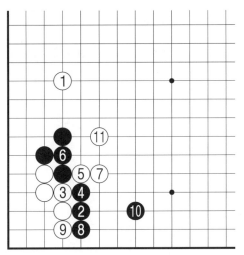

그림7

그림7(전투)

백①로 다가섰을 때 흑❷로 붙인 것은 적극전법이다. 이때는 백③, ⑤로 절단하는 것이 강수이다. 계속해서 흑❻으로 잇고 이하 백⑪까지 난해한 전투가 된다.

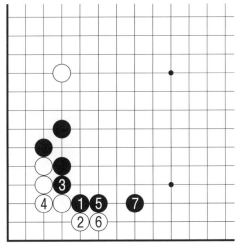

그림8

그림8(흑, 만족)

흑❶로 붙였을 때 평범하게 백②로 받는 것은 기백이 부족한 수이다. 이하 흑❼까지 두텁게 형태를 갖추면 흑이 우세한 결말이다.

205

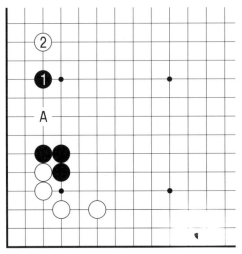

그림9

그림9(백의 노림)

흑❶로 벌려서 정석이 이루어
지고 난 후 백은 ②로 다가서는
것이 절호점이 된다. 백②는 A
의 침입을 노리고 있다.

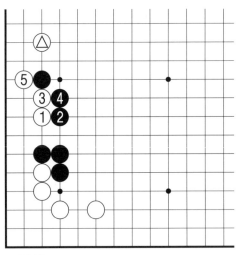

그림10

그림10(백의 침입)

백⦿ 때 흑이 손을 빼면 백은
기회를 봐서 ①로 침입하는 수
가 성립한다. 계속해서 흑은 ❷
로 받는 정도인데, 백⑤까지 손
쉽게 실리를 차지할 수 있다.

206

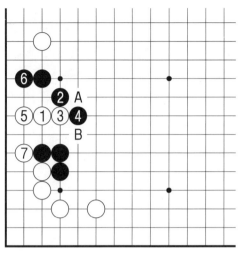

그림11

그림11(흑의 욕심)

백① 때 흑❷로 마늘모해서 백한 점을 잡자고 하는 것은 좋지 않다. 백은 ③으로 찌른 후 흑❹ 때 백⑤로 내려서는 것이 호착이다. 흑❻ 때 백⑦로 넘으면 흑은 A와 B의 약점이 부담으로 남는다.

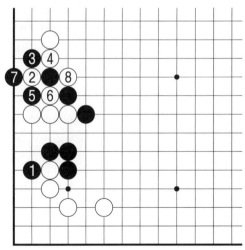

그림12

그림12(흑, 곤란)

흑이 그림11의 진행을 피해 ❶로 젖혀서 차단한다면 백②로 붙이는 수가 성립한다. 계속해서 흑❸으로 젖힌다면 백④로 절단한 후 흑❺ 때 백⑥, ⑧로 양단수쳐서 흑이 곤란한 모습이다.

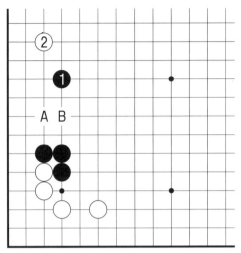

그림13

그림13(세력형 벌림)

흑은 ❶로 한 칸 높게 벌릴 수
도 있다. 이 수는 중앙 세력을
중시하고자 할 때 유력한 수단
이다. 백은 ②로 다가서는 것이
호착으로 이후 A와 B의 침입을
엿보고 있다.

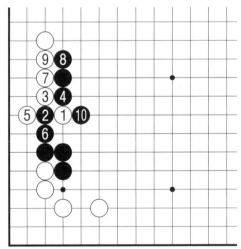

그림14

그림14(침입의 급소)

이와 같은 형태에선 백①로 침
입하는 것이 더욱 강력한 의미
가 있다. 흑❷로 붙인다면 백
③으로 젖힌 후 이하 ⑨까지
연결하는 것이 요령이다. 그러
나 흑에게 세력을 허용하는 만
큼 결행 시기를 잘 결정해야 한
다.

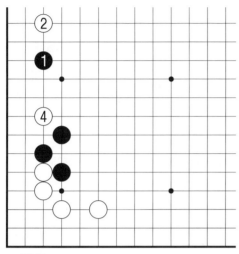

그림15

그림15(침입의 요령)

흑❶로 전개하는 정석이 이루어져도 백②로 다가서는 것이 급소가 된다. 흑❸으로 손을 돌린다면 백④로 침입하는 것이 이 경우 급소가 된다.

(흑❸ … 손뺌)

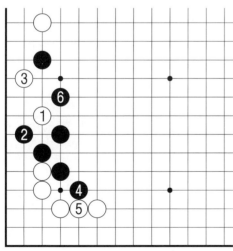

그림16

그림16(수습의 요령)

백①로 침입하면 흑은 ❷로 입구자해서 넘는 것을 막아야 한다. 계속해서 백③은 이 경우 수습하는 요령이다. 흑은 ❹를 선수한 후 ❻으로 씌우게 되는데…

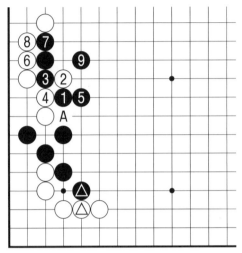

그림17

그림17(정석 이후 정석)

앞그림에 계속해서 흑❶에는 백
②로 건너 붙이는 것이 행마법
이다. 흑❸에는 백④로 끊고
이하 백⑧까지 실리를 차지하
는 것이 정확한 수순. 흑▲와
백△를 교환한 덕택에 A에 끊
기는 약점은 부담 없다.

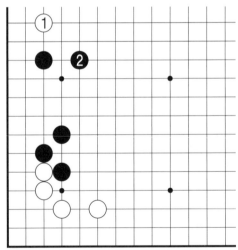

그림18

그림18(보강)

백①로 다가섰을 때 침입 수단
을 미연에 방지하고 싶다면 흑
❷로 한 칸 뛰는 것이 좋다. 이
처럼 한 칸 뛰어 놓는 것도 훌
륭한 한 수가 된다.

간명을 거부한 흑의 변화

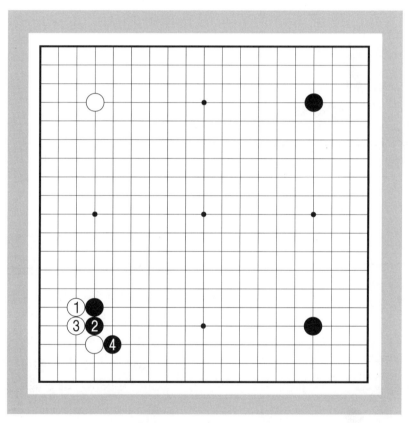

백①로 붙였을 때 흑❷로 치받은 후 ❹에 젖힌 것은 간명한 형태를 거부하겠다는 뜻이 강하다. 이후는 다소 난해한 변화가 뒤따르기 마련이다.

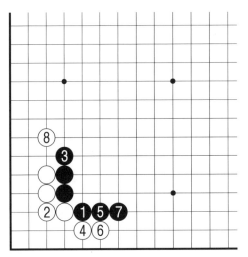

그림1

그림1(간명한 정석)

흑❶ 때 백②로 이으면 가장 간명하다. 계속해서 흑❸으로 뻗고 이하 백⑧까지가 기본 정석이다.

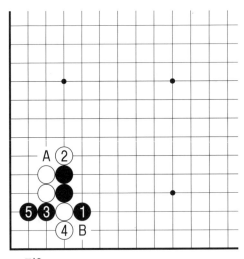

그림2

그림2(작은 눈사태 정석)

흑❶ 때 백②로 젖히는 수는 한때 꽤나 유행했던 작은 눈사태 정석이라는 형태이다. 백②에는 흑❸으로 단수친 후 ❺에 뻗는 것이 요령이다. 이후 흑은 A와 B를 맞보기로 하고 있다.

212

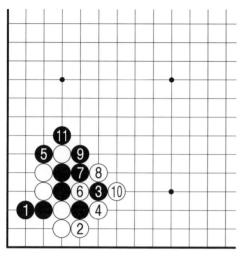

그림3

그림3 (정석)

흑❶로 뻗으면 백은 ②로 두는 한 수이다. 계속해서 흑❸으로 호구치고 이하 흑⓫까지가 기본 정석으로 되어 있다. 이 정석은 세력과 세력으로 갈린 모습인데, 이 세력을 어떻게 활용하느냐가 관건이다.

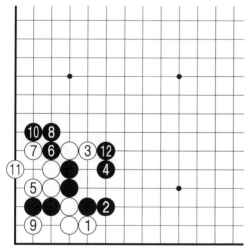

그림4

그림4 (흑의 변화)

백① 때 흑은 ❷로 뻗어서 두는 변화도 가능하다. 계속해서 백③에는 흑❹로 한 칸 뛰고 백⑤ 때 흑❻으로 끊는 것이 요령이다. 백은 ⑦로 단수친 후 ⑨에 붙여서 실리를 차지하게 되는데, 흑은 이하 ⓬까지 처리해서 충분히 둘 수 있는 형태이다.

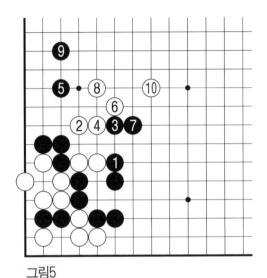

그림5

그림5 (전투형)

그림4에 계속되는 진행이다.
흑❶에는 백②로 한 칸 뛰어
움직일 것이다. 계속해서 흑❸
으로 한 칸 뛰고 백④ 이하 ⑩
까지의 진행이 되는데, 피차 앞
을 내다볼 수 없는 치열한 중앙
전의 양상이다.

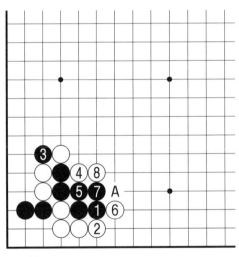

그림6

그림6 (축과 연관)

그러나 흑❶로 뻗는 수는 축이
유리할 때 사용하는 것이 보통
이다. 축이 불리하다면 백②로
두는 수에 의해 흑이 좋지 않
다. 계속해서 흑❸으로 끊은 것
은 기세이지만 백④ 이하 ⑧까
지 축의 형태에 몰리게 된다.
이후 A의 축이 관건이다.

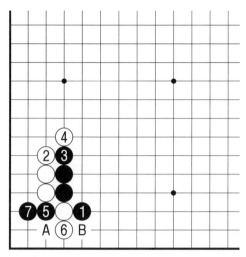

그림7

그림7(큰 눈사태 정석)

흑❶로 젖혔을 때 백②로 뻗은 후 흑❸ 때 백④로 젖히는 것은 큰 눈사태 정석이라고 불리는 형태이다. 이 정석은 작은 눈사태 정석에 비해 비교적 변화가 복잡하다. 흑❼ 이후 백은 A와 B 중 하나를 선택하게 된다.

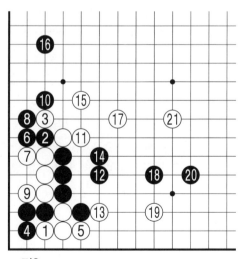

그림8

그림8(실리를 중시)

백①로 민 것은 실리를 중시하겠다는 뜻이다. 계속해서 흑은 ❷로 끊게 되는데, 이하 백㉑까지 바둑판의 4분의 1을 차지할 만큼의 대형 정석이 된다.

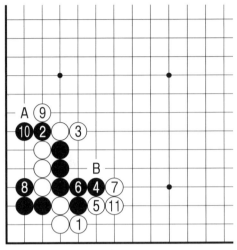

그림9

그림9 (세력형 정석)

백①은 세력을 중시할 때 가능한 선택이다. 흑은 당연히 ❷로 절단하게 되는데, 이하 백⑪까지 세력 대 실리의 갈림이 된다. 이후 백은 상황에 따라 A나 B를 선수로 활용하게 된다.

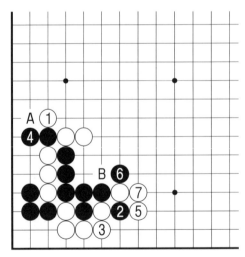

그림10

그림10 (대동소이)

그림9의 수순 중 백①로 단수쳤을 때 흑은 ❷로 단수친 후 ❹에 내려서는 변화도 가능하다. 이하 백⑦까지 앞그림과 대동소이한 진행으로 백은 역시 A나 B를 활용 수단으로 남겨두고 있다.

세력을 중시한 붙임

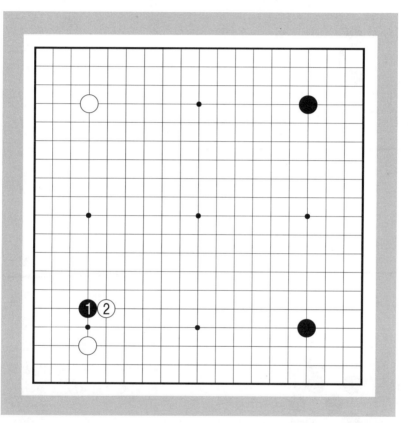

흑❶로 걸쳤을 때 백②로 붙인 것은 귀의 실리보다는 변과
중앙을 중시하겠다는 세력형 정석 선택이라고 볼 수 있다.
그럼 백② 이후의 변화를 살펴본다.

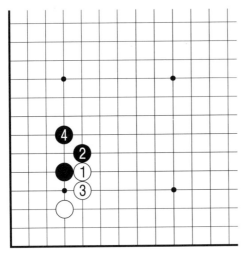

그림1

그림1(기본형)

백①로 붙이면 흑❷로 젖히는 것은 기본 상식이다. 계속해서 백③으로 뻗은 것은 간명을 기한 선택으로 흑❹로 호구쳐서 기본 정석이 이루어진다.

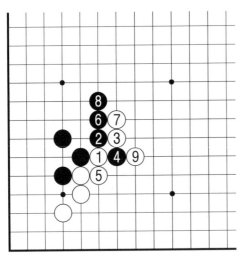

그림2

그림2(정석 완성)

그림1에 계속해서 백은 ①로 젖혀서 형태를 결정짓는 것이 일반적이다. 흑❷에는 백③으로 이단젖히는 것이 행마법으로 이하 백⑨까지가 기본 정석이다.

218

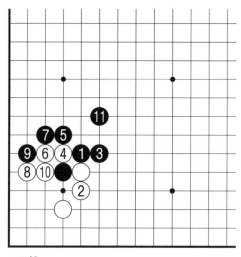

그림3

그림3(흑의 선택)

흑❶로 젖히고 백②로 뻗었을 때 흑은 ❸으로 뻗어서 두는 변화도 가능하다. 흑❸은 세력을 중시한 선택으로 이하 흑⓫까지가 기본 정석이다. 그러나 이 정석은 부분적으로 백의 실리가 크다.

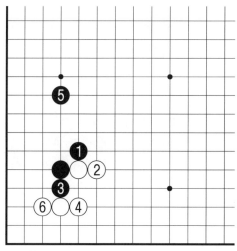

그림4

그림4(백의 변화)

흑❶로 젖혔을 때 백은 ②로 뻗어서 두는 변화도 가능하다. 백②로 뻗으면 비교적 변화가 복잡해진다. 흑❸, ❺는 간명을 기한 선택으로 백⑥까지가 기본 정석이다.

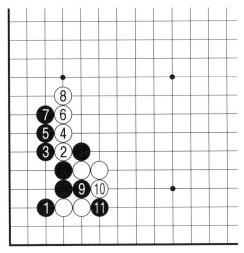

그림5

그림5(난해한 진행)

흑이 앞그림과 같은 진행을 피하고 싶다면 ❶로 젖히는 것이 일반적이다. 계속해서 백②로 절단한다면 흑은 ❸으로 단수친 후 이하 ⓫까지 맞대응하는 것이 것이 기세이다.

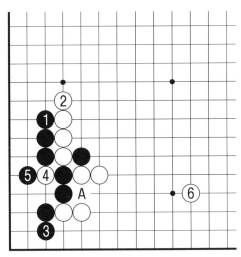

그림6

그림6(백, 만족)

흑❶, 백② 때 흑이 앞그림의 수순을 따르지 않고 흑❸으로 뻗는 것은 기백이 부족하다. 백은 ④로 끊는 것이 긴요한 응수타진이다. 흑❺라면 A의 약점이 자연스럽게 없어진 모습. 백⑥으로 전개해서는 백이 약간 우세하다.

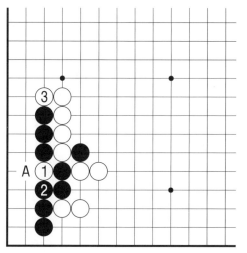

그림7

그림7(흑의 변화)

백①로 끊었을 때 흑❷로 단수 친다면 백③으로 막는 것이 기분 좋은 수가 된다. 이후 백은 A에 내려서서 활용하는 수단을 노려서 충분하다.

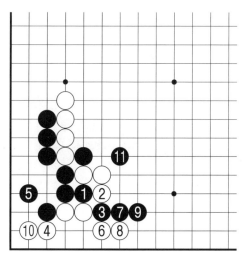

그림8

그림8(정석 진행)

그림5에 계속되는 진행이다. 흑❶, ❸으로 절단하면 백은 ④로 젖히는 한 수이다. 계속해서 흑❺로 마늘모하고, 이하 흑 ⓫까지 필연적인 수순이다. 계속해서…

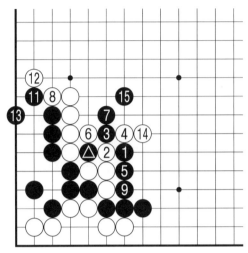

그림9

그림9(정석)

흑❶로 씌우면 백은 ②로 단수
치게 되는데, 흑❸으로 젖힌 후
백④ 때 흑❺로 공배를 메우는
것이 수순이다. 이하 흑⓯까지
가 정석의 완결인데, 피차 앞을
내다볼 수 없는 치열한 난투전
의 양상이다.

(백⑩ … 흑▲)

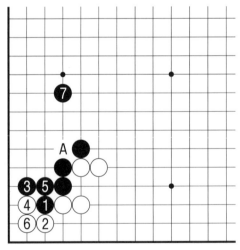

그림10

그림10(기세 부족)

흑❶로 젖혔을 때 백이 A에 끊
지 않고 ②로 젖히는 것은 기세
가 부족한 수이다. 흑은 ❸으로
마늘모한 후 이하 ❼까지 형태
를 정비해서 충분하다.

222

실리를 추구한 흑

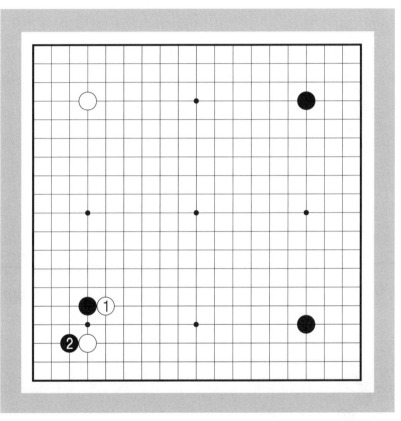

백①로 붙였을 때 흑은 젖히지 않고 ❷로 붙여서 두는 수
도 가능하다. 흑❷는 귀의 실리를 중시하고자 할 때 두는
것이 보통이다. 그럼 흑❷ 이후의 변화를 검토해 본다.

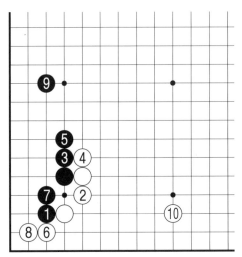

그림1

그림1 (정석)

흑❶로 붙였을 때 백②로 뻗으면 가장 간명하다. 계속해서 흑❸으로 늘고 이하 백⑩까지가 기본 정석인데, 피차 불만 없는 갈림이다.

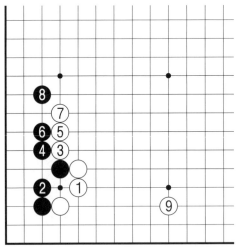

그림2

그림2 (흑의 변화)

백①로 뻗었을 때 흑은 ❷로 두는 수도 가능하다. 계속해서 백③으로 젖히고 이하 백⑨까지가 기본 정석인데, 이 역시 쌍방 충분히 둘 수 있다.

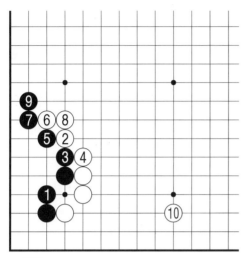

그림3

그림3(백의 변화)

흑❶ 때 백은 ②로 날일자해서 두는 변화도 가능하다. 흑❸, ❺ 때 백⑥으로 이단젖히겠다는 것이 백의 작전. 그러나 흑도 ❼로 이단젖히는 수가 좋은 행마법으로 이하 백⑩까지 그림2와 대동소이한 결과가 된다.

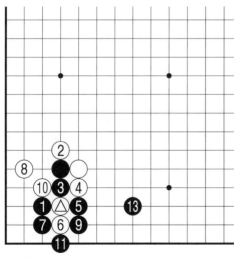

그림4

그림4(정석)

흑❶로 붙였을 때 백은 ②로 젖혀서 두는 수도 가능하다. 백②는 좌변을 중시하고자 할 때 둔다. 계속해서 흑❸, ❺로 단수치고 이하 흑⓭까지가 기본 정석이다.

(백⑫ … 백△)

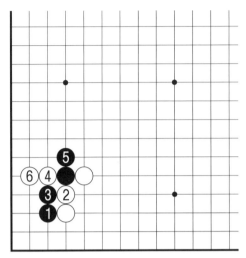

그림5

그림5(축과 연관)

흑❶로 붙였을 때 백②로 치받은 후 ④로 끊은 수는 축과 깊은 연관이 있다. 백⑥ 이후 흑은 축의 성립 여부에 따라 응수를 달리해야 하는데…

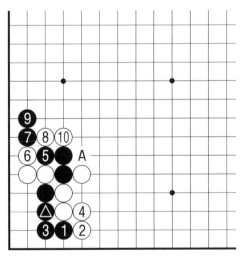

그림6

그림6(축이 관건)

앞그림에 계속해서 흑은 ❶, ❸으로 젖혀 잇는 것이 행마법이다. 백④로 이을 때 흑❺는 축 유리를 전제로 한다. 축이란 이하 백⑩까지 진행되었을 때 A로 나가는 수를 말한다. 이 축이 불리하다면 애초에 흑△로 붙이는 수는 잘 두지 않는다.

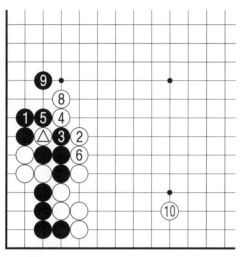

그림7

그림7(백, 둘 수 있다)

백은 축이 불리해도 둘 수 있다. 흑❶로 뻗었을 때 백②로 씌우는 것이 요령. 흑❸에는 백④, ⑥을 선수한 후 이하 백⑩까지 처리해서 백도 충분한 형태이다.

(흑❼ … 백△)

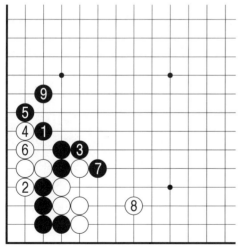

그림8

그림8(흑의 변화)

흑은 축이 불리하다면 흑❶로 늦춰서 두는 것이 요령이다. 계속해서 백②로 꼬부리고 이하 흑❾까지 세력 대 실리의 갈림이 되는 정석이다.

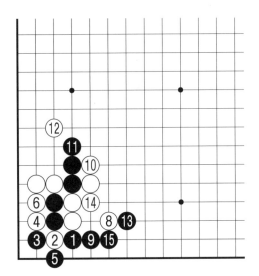

그림9

그림9(백의 변화)

흑❶로 젖혔을 때 백은 ②로 끊어서 두는 변화도 가능하다. 계속해서 흑❸으로 단수치고 이하 흑⓯까지는 쌍방 필연적인 수순이다. 계속해서…

(흑❼ … 백②)

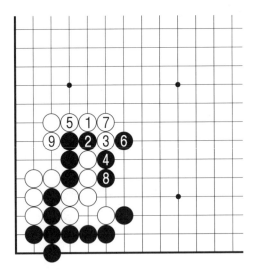

그림10

그림10(호각의 갈림)

그림9에 계속해서 백은 ①로 씌우는 것이 요령이다. 흑은 ❷, ❹로 절단한 후 이하 백⑨까지 흑 넉 점을 사석 처리하게 되는데, 피차 충분히 둘 수 있는 갈림이다.

한 칸 협공

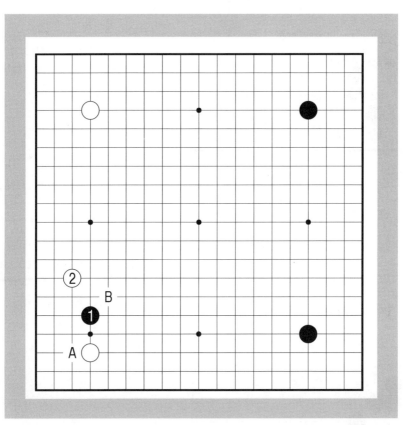

흑❶로 걸쳤을 때 백②로 협공한 것은 적극적인 취향이다.
백②로 협공하면 흑은 A에 붙이는 수와 B에 입구자하는
수 중 하나를 선택하게 된다.

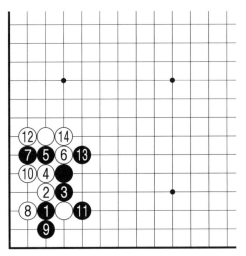

그림1

그림1 (정석)

흑❶로 붙이는 변화이다. 흑❶
로 붙이면 백은 ②로 젖힌 후
④에 연결하는 것이 기본 행마
법이다. 계속해서 흑❺로 끼우
고 이하 백⑭까지가 기본 정석
인데, 백이 약간 두텁다는 것이
이 형태에 대한 평가이다.

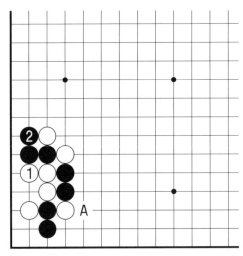

그림2

그림2 (흑의 변화)

백① 때 흑은 A에 단수치지 않
고 ❷로 두는 변화도 가능하다.
흑❷는 축과 깊은 연관이 있는
수이다. 계속해서…

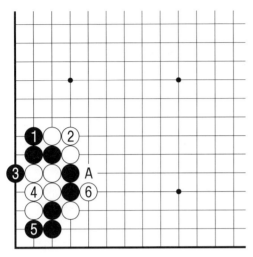

그림3

그림3(축이 관건)

축이란 흑❶ 때 백②로 잇는 수를 말한다. 계속해서 흑❸, ❺로 단수친다면 백⑥으로 두었을 때 A의 축 성립 여부가 이 형태의 성패를 좌우한다.

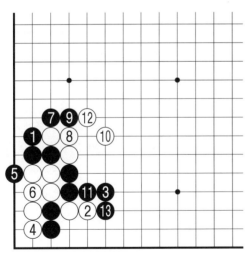

그림4

그림4(축이 불리하면)

흑❶ 때 축이 불리하면 백은 ②로 뻗는 것이 보통이다. 계속해서 흑❸으로 한 칸 뛰고 이하 흑⑬까지는 필연적인 수순인데…

231

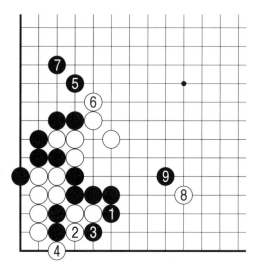

그림5

그림5 (정석)

흑❶로 막으면 백은 ②로 잡을 수밖에 없다. 흑은 ❸을 선수한 후 ❺에 진출하게 되는데, 이하 흑❾까지가 기본 정석으로 되어 있다. 이후는 치열한 중앙전의 양상이다.

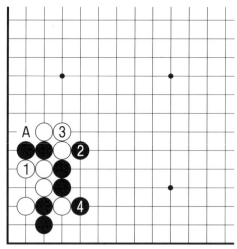

그림6

그림6 (흑, 대악수)

그림1의 기본 정석 수순 중 백이 ①로 막았을 때 흑❷로 단수치는 것은 대악수이다. 백③으로 이으면 흑은 ❹로 잡아야 하는데, 백은 A의 가일수가 필요 없게 되었다.

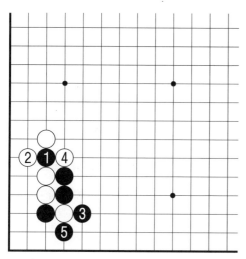

그림7

그림7(흑, 충분)

흑❶로 끼웠을 때 백②로 단수 치는 변화도 있다. 이때는 흑도 ❸으로 단수치는 것이 요령이 다. 백④로 따낸다면 흑도 ❺로 따내서 흑이 약간 유리한 결말 이다.

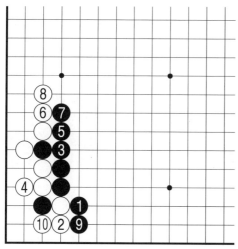

그림8

그림8(흑, 만족)

흑❶로 단수쳤을 때 백②로 뻗 는다면 흑도 ❸으로 잇는 것이 수순이다. 계속해서 백④로 보 강하고 이하 백⑩까지가 기본형 인데, 아무래도 흑의 세력이 약 간 우세하다.

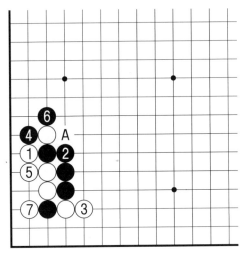

그림9

그림9(백, 충분)

백①로 단수쳤을 때 흑❷로 잇는 것은 약간 미흡하다. 백은 ③으로 뻗는 것이 좋은 수이다. 계속해서 흑❹로 끊는다면 백⑤로 잇는 것이 요령. 흑은 ❻으로 단수쳐서 백 한 점을 축으로 잡게 되는데, A의 축머리를 활용당하게 된다.

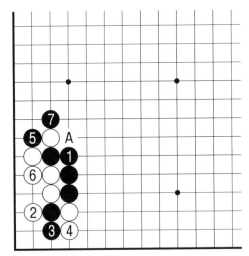

그림10

그림10(가능한 변화)

흑❶ 때 백은 ②로 단수친 후 ④에 막는 변화도 가능하다. 계속해서 흑❺로 끊고 백⑥, 흑❼까지가 예상되는 진행인데, A의 축머리를 활용할 수 있는 만큼 그림9와 대동소이한 결말이다.

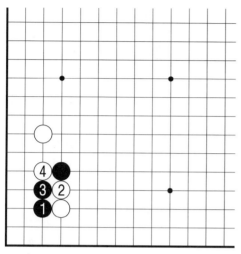

그림11

그림11 (변칙적인 끊음)

흑**❶**로 붙였을 때 백은 ②로 치받은 후 ④에 끊는 변칙적인 수도 가능하다. 백②, ④는 흑이 귀에서 조그맣게 살라고 강요하는 수단이다. 계속해서…

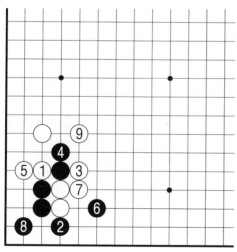

그림12

그림12 (흑의 정수)

백①로 끊으면 흑**❷**로 젖히는 것이 좋은 수이다. 백도 ③으로 단수친 후 ⑤에 뻗는 것이 수순인데, 이하 백⑨까지가 기본 정석으로 되어 있다.

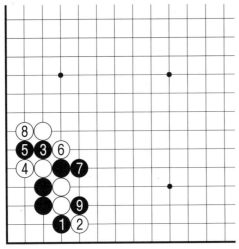

그림13

그림13(백, 불만)

흑❶로 젖혔을 때 백②로 받는
것은 좋지 않다. 흑은 ❸으로
단수친 후 ❺에 뚫는 것이 좋은
수순이다. 계속해서 백⑥으로
단수치고 이하 흑❾까지 일단
락인데, 아무래도 흑이 우세한
결말이다.

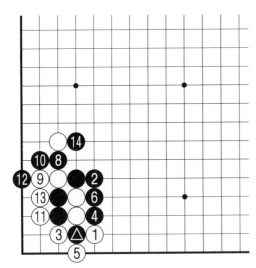

그림14

그림14(흑의 변화)

백① 때 흑은 단순히 ❷로 뻗
는 변화도 가능하다. 계속해서
백③으로 단수친다면 흑❹, ❻
을 선수한 후 이하 ⓮까지 세력
을 구축해서 충분한 모습이다.
(백⑦ … 흑▲)

236

입구자 행마

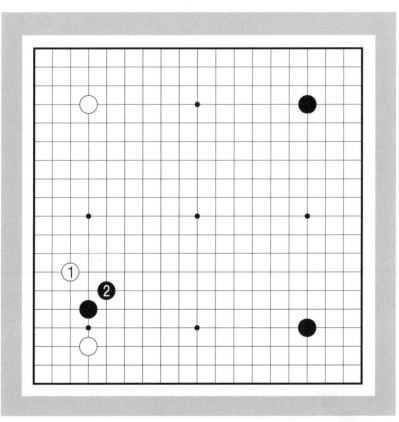

백①로 협공했을 때 흑은 ❷로 입구자한 것은 중앙을 중시하겠다는 뜻이다. 흑❷는 다소 전투 지향적인 수라고 할 수 있는데, 이후의 변화를 살펴보기로 한다.

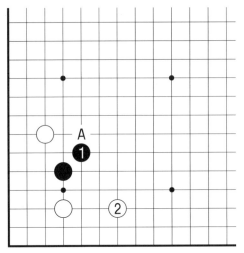

그림1

그림1 (백의 선택)

흑❶로 입구자하면 백은 ②로 두 칸 벌려 두는 것이 가장 보통이다. 백②로는 우변을 중시해서 A에 붙이는 수도 종종 두어진다.

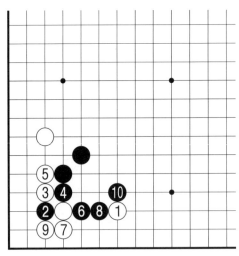

그림2

그림2 (정석)

백①로 두 칸 벌리면 흑❷로 붙이는 것이 형태를 정비하는 요령이다. 계속해서 백③으로 젖히고 이하 흑❿까지가 기본 정석인데, 피차 불만 없다.

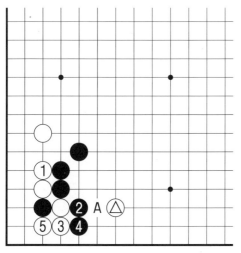

그림3

그림3(흑, 불만)

백① 때 흑이 A에 치받지 않고 ❹로 막는 것은 좋지 않다. 백 ⑤로 두고 난 후 백△ 한 점을 제압할 뚜렷한 방법이 보이지 않는다는 것이 흑의 고민이다.

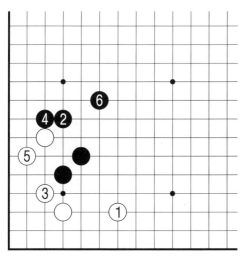

그림4

그림4(흑의 변화)

백① 때 흑은 ❷로 씌워서 두는 수도 가능하다. 흑❷는 중앙을 중시할 때 가능한 수단으로 이하 흑❻까지가 기본 정석이다.

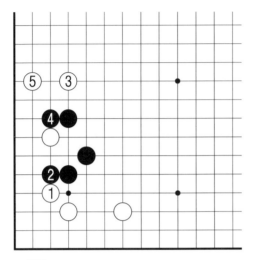

그림5

그림5(흑, 불만)

앞그림의 수순 중 백① 때 흑❷로 응수하는 것은 좋지 않다. 백은 ③으로 다가선 후 ⑤로 한 칸 뛰어서 유리한 결과를 이끌어낼 수 있다.

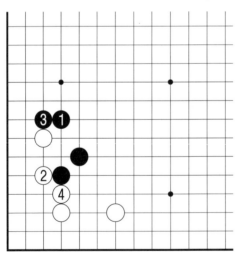

그림6

그림6(백의 변화)

흑❶ 때 백은 ②로 붙여서 두는 수도 가능하다. 계속해서 흑❸으로 막는다면 백④로 연결해서 두는 것이 요령이다.

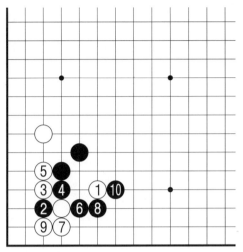

그림7

그림7(정석)

백은 ①로 날일자해서 두는 수도 가능하다. 계속해서 흑❷로 붙이고 이하 백⑦까지 진행되었을 때 흑❽로 두는 것이 맥점이다. 백⑨ 때 흑❿으로 젖혀서 정석이 일단락된다.

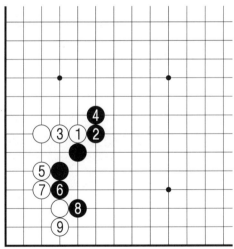

그림8

그림8(백의 변화)

백은 ①로 붙여서 두는 수도 가능하다. 계속해서 흑❷로 젖힌 후 ❹에 뻗는 것이 행마법이다. 계속해서 백⑤로 붙이고 이하 백⑨까지가 기본 정석이다.

241

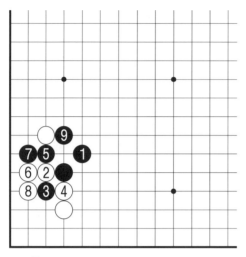

그림9

그림9 (백, 불만)

흑❶ 때 곧장 백②로 붙여서 연결을 도모하는 것은 좋지 않다. 흑은 ❸으로 젖힌 후 이하 ❾까지 백 한 점을 무력화시켜서 충분한 모습이다.

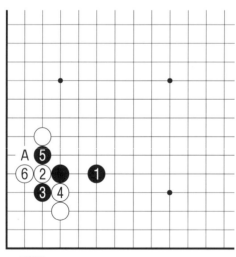

그림10

그림10 (흑, 불만)

흑이 중앙으로 입구자하지 않고 단순히 ❶로 한 칸 뛰는 것은 좋지 않다. 백은 ②로 붙여서 쉽게 연결을 하게 된다. 계속해서 흑❸, ❺로 단수쳐도 백⑥으로 뻗고 나면 흑은 A에 막을 수 없는 모습이다.

두 칸 높은 협공

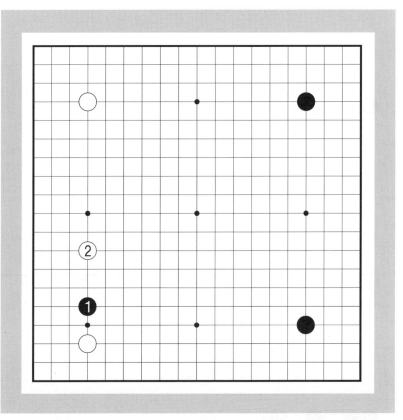

한 칸 협공과 더불어서 가장 많이 사용하는 협공 중의 하나
가 백②처럼 두 칸 높게 협공하는 것이다. 백②는 한 칸
협공보다 좀더 변화가 많은 정석이라고 할 수 있는데, 이후
의 정석 변화를 살펴본다.

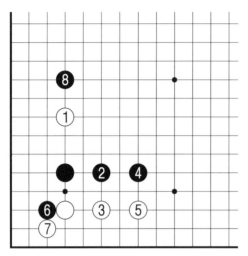

그림1

그림1(정석)

백①　때 흑❷로 한 칸 뛰면 가장 간명하다. 계속해서 백③으로 받고 이하 흑❽까지의 진행이면 전투 지향적인 정석 진행이 된다.

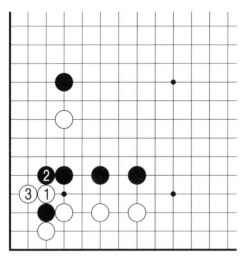

그림2

그림2(백의 후수)

그림1의 정석 이후 백①로 단수치는 것은 후수가 되는 만큼 시기를 잘 결정해야 한다. 수순 중 백③은 생략하기 힘들다.

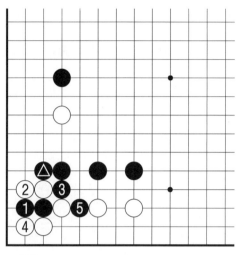

그림3

그림3(백, 돌파)

흑△로 막았을 때 백이 손을 뺀다면 흑❶로 움직이는 수단이 성립한다. 계속해서 백②로 차단한다면 흑❸으로 끊은 후 이하 ❺까지 돌파해서 백이 불리한 결말이다.

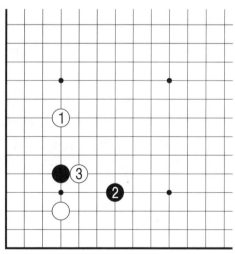

그림4

그림4(상용의 수순)

백①로 협공하면 흑❷로 눈목자해서 두는 것이 가장 보편적인 정석 선택이다. 계속해서 백은 ③으로 붙여서 응수하게 되는데…

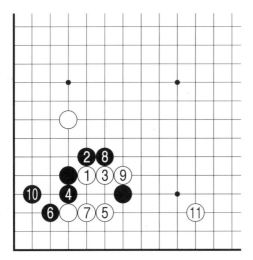

그림5

그림5 (정석)

백①로 붙이면 흑❷로 젖히고 이하 백⑪까지가 기본 정석으로 되어 있다. 이 형태는 실전에서 가장 빈번히 등장하는 기본 정석이기도 하다.

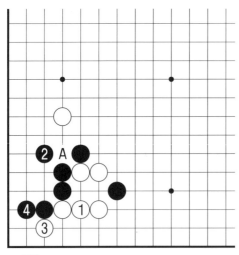

그림6

그림6 (흑의 변화)

백①로 이었을 때 흑은 ❷로 호구쳐서 두는 변화도 가능하다. 흑❷는 A의 약점을 직접적으로 보강한 것인데, 백③, 흑❹까지 정석이 일단락된 모습이다.

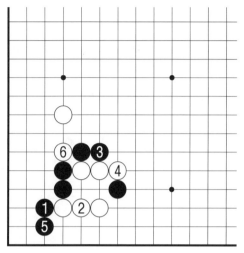

그림7

그림7(실리형 정석)

흑❶로 젖히고 이하 백④까지 진행되었을 때 흑은 ❺로 내려서서 두는 수도 가능하다. 흑❺는 축과 깊은 연관이 있는 수로 축이 흑에게 불리하다면 ❺로 내려서는 수는 성립하지 않는다.

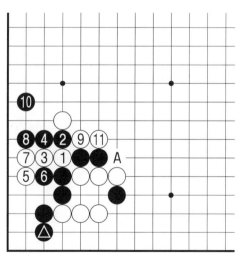

그림8

그림8(축이 관건)

백①로 끊으면 흑은 ❷로 단수친 후 ❹에 막게 된다. 계속해서 백⑤로 마늘모하고 이하 흑❿까지는 필연적인 수순인데, 백⑪로 단수쳤을 때 A의 축 성립 여부가 관건이다. A의 축이 흑에게 불리하다면 애초에 흑▲로 내려서는 수는 성립하지 않는다.

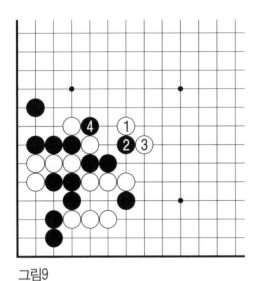

그림9

그림9 (백의 함정수)

축이 백에게 불리할 때 백①로 씌우는 수는 함정수의 일종이다. 이때는 흑②로 마늘모하는 것이 좋은 응수법이다. 계속해서 백③이라면 흑④로 단수쳐서 그만이다.

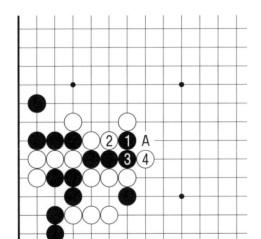

그림10

그림10 (역시 축이 관건)

흑① 때 백②로 단수친다면 흑③으로 잇게 되는데, 백④로 단수쳤을 때 역시 A의 축이 관건으로 떠오르게 된다. 백은 이처럼 형태를 결정짓지 않고 우상귀에서 축머리를 활용하는 것이 보통이다.

견실한 입구자

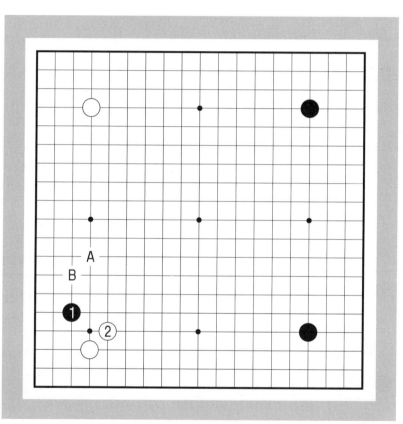

흑❶로 걸쳤을 때 백②로 입구자한 것은 견실하게 두고자 할 때 유력한 수단이다. 흑❶로 걸쳤을 때 백이 협공을 한다면 A나 B가 가장 보통이다. 그럼 백② 이후의 변화를 검토해 본다.

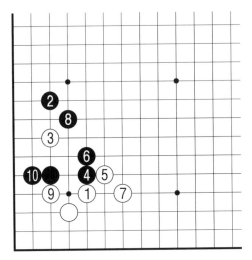

그림1

그림1(정석)

백①로 입구자하면 흑❷로 벌리는 것이 보통이다. 계속해서 백③으로 침입한 것은 일종의 사석전법이며, 이하 흑❿까지가 기본 정석이다.

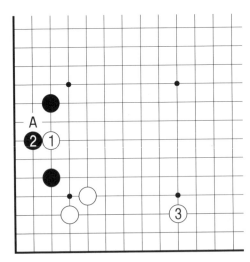

그림2

그림2(흑의 변화)

백① 때 흑은 그림1의 진행을 피해 ❷로 붙이는 수도 가능하다. 백은 ③으로 전개한 후 A의 젖힘을 노려서 충분하다.

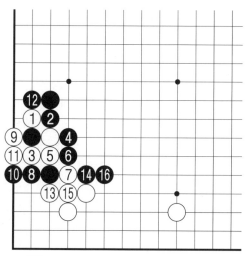

그림3

그림3(백의 노림)

그림2 이후 흑이 손을 뺀다면 백은 기회를 봐서 ①로 젖히는 것이 좋다. 계속해서 흑❷로 끊고 이하 흑⑯까지의 진행이 되는데, 세력 대 실리의 갈림이 된다.

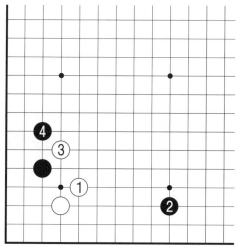

그림4

그림4(흑의 변화)

백① 때 흑은 하변을 중시해서 ❷로 전개하는 수도 가능하다. 백③으로 씌운다면 흑❹로 가볍게 두는 것이 요령이다. 이 역시 쌍방 충분히 둘 수 있다.

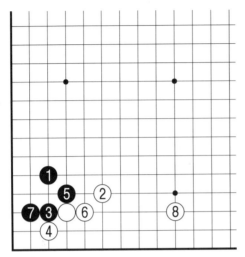

그림5

흑❶ 때 백은 ②로 날일자해서 두는 수도 가능하다. 백②는 입구자하는 수와 거의 대동소이한 성격을 지니고 있다. 계속해서 흑❸으로 붙이고 이하 백⑧까지가 기본 정석이다.

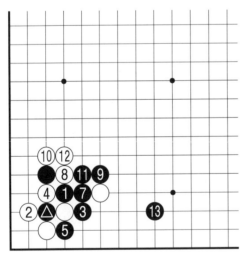

그림6

흑❶로 호구쳤을 때 백②로 단수치는 것은 특별한 경우가 아니면 잘 쓰이지 않는다. 흑은 ❸으로 반발하는 것이 좋은 수로 이하 흑⓭까지 하변에 영토를 건설해서 충분한 모습이다.

(백⑥ … 흑▲)

252

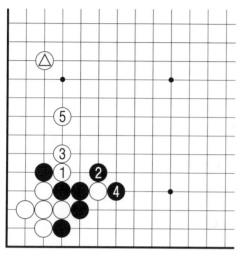

그림7

그림7 (배석 관계)

백△가 미리 대기하고 있는 상황이라면 백①, 흑❷ 때 백은 ③으로 뻗는 것도 일책이다. 흑❹ 때 백⑤로 한 칸 뛰면 좌변을 크게 경영할 수 있다.

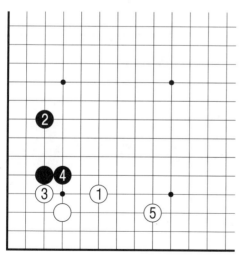

그림8

그림8 (백, 만족)

백① 때 흑❷로 두 칸 벌리는 것은 거의 대부분 흑이 좋지 않다. 백③ 때 흑❹로 올라서야 하는데, 흑은 중복의 느낌을 지울 수 없다. 백⑤로 전개해서는 백이 활발하다.

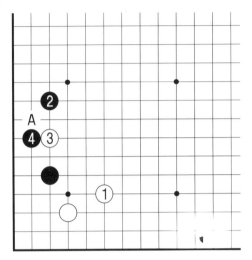

그림9

그림9 (가능한 벌림)

백① 때 흑은 군이 벌리고자 한다면 흑❷로 두는 것이 좋다. 백③에는 흑❹로 붙여서 수습이 가능한 모습. 이후 백은 A의 젖힘을 노리게 된다.

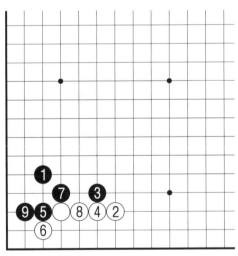

그림10

그림10 (백의 두 칸 벌림)

흑❶ 때 백은 ②로 두 칸 벌리는 수도 가능하다. 백②는 견실하게 두고자 할 때 가능한 수법. 흑은 ❸으로 들여다본 후 이하 흑❾까지 형태를 결정짓는 것이 요령이다.

한 칸 협공

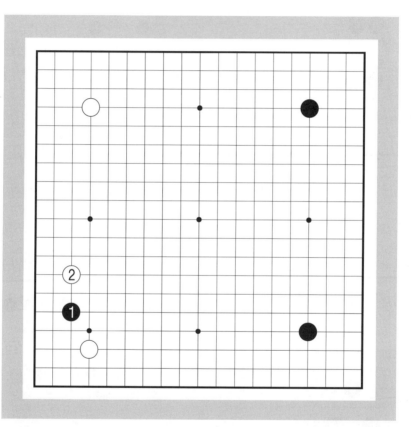

흑❶로 걸쳤을 때 백②로 한 칸 협공한 것은 급격하게 국면을 이끌어나가겠다는 뜻이다. 그럼 백② 이후의 정석 변화를 검토해 보기로 한다.

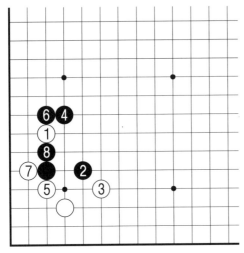

그림1

그림1 (정석)

백①로 협공하면 흑❷로 한 칸 뛰는 것이 가장 무난한 응수법이다. 계속해서 백③으로 받고 흑❹ 이하 ❽까지가 기본 정석이다. 이 정석은 세력 대 실리의 갈림으로 피차 불만 없다.

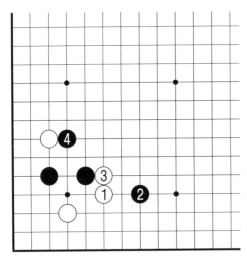

그림2

그림2 (흑의 적극책)

백① 때 흑은 적극적으로 ❷로 다가서는 수도 있다. 흑❷는 돌의 리듬을 구하겠다는 뜻으로 백③ 때 흑❹로 붙이겠다는 의도이다. 계속해서…

256

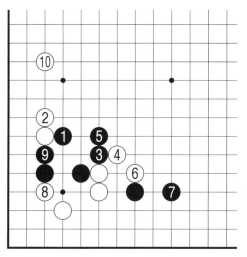

그림3

그림3 (정석)

그림2에 계속되는 진행이다. 흑❶로 붙이면 백은 ②로 뻗는 것이 이 경우 적절한 응수법이다. 계속해서 흑❸으로 젖히고 이하 백⑩까지 일단락인데, 피차 불만 없는 기본 정석이다.

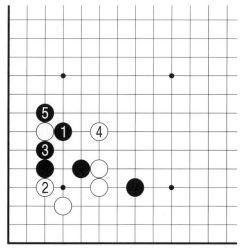

그림4

그림4 (백의 변화)

흑❶로 붙였을 때 백은 ②로 마늘모 붙여서 변화하는 것도 가능하다. 계속해서 흑❸으로 치받고 백④, 흑❺까지 쌍방 기세의 진행이다.

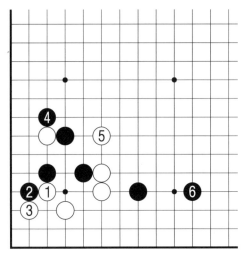

그림5

그림5 (발빠른 처리)

백①때 흑은 선수를 취하고 싶
다면 ❷로 젖히는 것이 좋은 수
이다. 백③때 흑❹로 젖히면
백은 ⑤로 받는 정도인데, 손을
빼서 큰 곳에 선행할 수 있다.

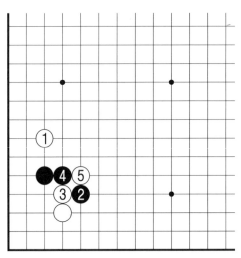

그림6

그림6 (날일자 씌움)

백①로 협공했을 때 흑은 ❷로
날일자해서 씌우는 수도 가능하
다. 흑❷라면 백은 기세상 ③,
⑤로 끊게 되는데…

258

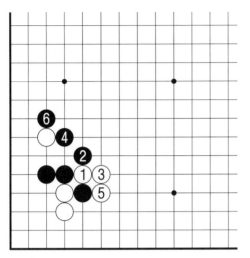

그림7

그림7(정석)

백①로 끊으면 흑은 ❷로 단수 친 후 ❹에 호구치는 것이 행마법이다. 계속해서 백⑤로 잡는다면 흑도 ❻으로 젖혀서 충분한 모습이다.

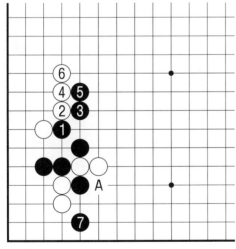

그림8

그림8(백의 변화)

흑❶로 호구쳤을 때 백은 A에 잡지 않고 ②로 젖혀서 변화하는 수도 가능하다. 계속해서 흑은 ❸, ❺를 선수한 후 ❼로 두는 것이 맥점이다. 계속해서…

259

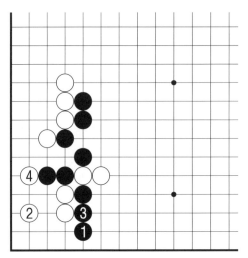

그림9

그림9 (상용의 수순)

흑❶로 한 칸 뛰면 백은 ②로
한 칸 뛴 후 흑❸ 때 백④로 붙
이는 것이 상용의 수습법이다.
계속해서…

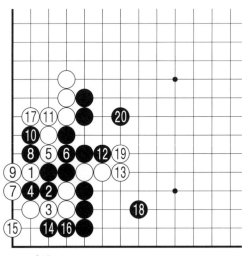

그림10

그림10 (정석 완성)

백①로 붙이면 흑은 ❷, ❹로
찌른 후 이하 ⑳까지 처리하는
것이 요령이다. 이 형태는 장차
중앙 전투가 관건으로 떠오른
다.

두 칸 높은 협공

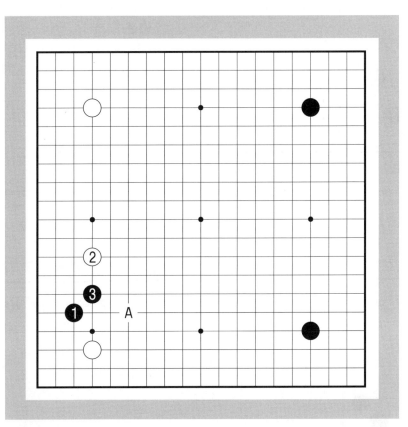

흑❶로 걸쳤을 때 한 칸 협공과 더불어 가장 많이 사용하는 협공수 중의 하나가 두 칸 높은 협공이다. 백②로 협공하면 흑은 ❸으로 입구자하거나 A에 두 칸 뛰는 것이 가장 보편적인 응수법이다.

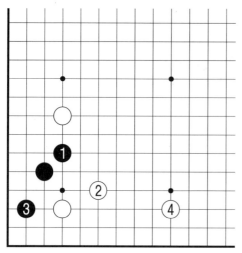

그림1

그림1(정석)

흑❶로 입구자하면 백은 ②로 날일자해서 받는 것이 가장 보편적인 응수법이다. 계속해서 흑❸은 근거의 급소로 생략할 수 없으며, 백④로 전개해서 정석이 일단락된다.

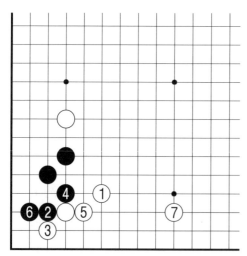

그림2

그림2(흑의 변화)

백① 때 흑은 곧장 ❷로 붙여서 형태를 결정지을 수도 있다. 이하 백⑦까지 그림1과 대동소이한 정석 진행이다.

262

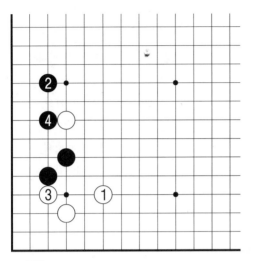

그림3

그림3 (좌변을 중시)

백①일 때 흑은 ❷로 다가서서 두는 변화도 가능하다. 흑❷는 좌변을 중시할 때 가능한 수단으로 백③이라면 흑❹로 붙여서 연결이 가능한 모습이다.

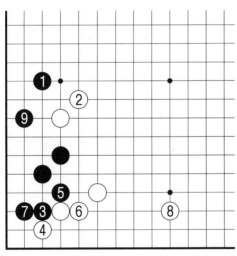

그림4

그림4 (백의 반발)

흑❶일 때 그림3의 진행을 피하고 싶다면 백은 ②로 입구자해서 두는 것이 좋다. 계속해서 흑❸으로 붙이고 이하 흑❾까지 정석이 일단락된 모습이다.

263

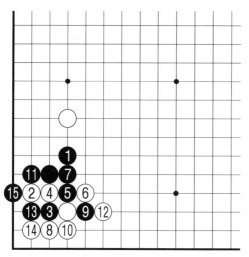

그림5

그림5 (백의 변화)

흑❶ 때 백은 ②로 날일자해서 두는 변화도 가능하다. 백②에는 흑❸으로 건너 붙여서 절단하는 것이 행마법이다. 계속해서 백④로 끊고 이하 흑⑮까지가 기본 정석으로 되어 있다.

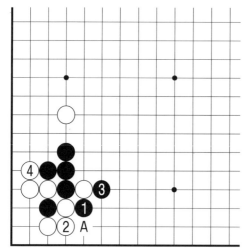

그림6

그림6 (흑, 불만)

그림5의 수순을 따르지 않고 흑이 ❶, ❸으로 단수쳐서 백 한 점을 잡는 것은 좋지 않다. 백④가 형태상의 급소로 흑은 A의 뒷문이 열려 있는 만큼 별게 없는 모습이다.

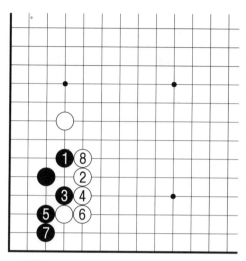

그림7

그림7(어깨짚음)

흑❶ 때 백은 ②로 어깨짚어서 두는 변화도 가능하다. 그러나 흑❸ 때 백④는 책략이 부족한 수이다. 흑❺, ❼까지 선수로 실리를 차지하고 안정해서는 싱거운 모습이다.

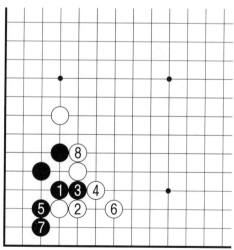

그림8

그림8(백, 충분)

흑❶ 때 백은 ②로 늦춰서 받는 것이 좋은 수이다. 계속해서 흑❸으로 찌르는 것은 수순 착오. 백④ 이하 백⑧까지의 결과는 그림7에 비해 백이 약간 유리하다.

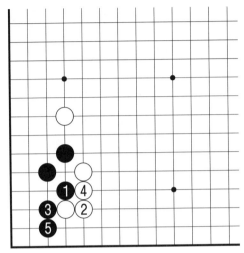

그림9

그림9(올바른 수순)

흑❶, 백② 때 흑은 ❸으로 젖
히는 것이 수순이다. 계속해서
백이 ④로 잇는다면 그림7의 정
석으로 환원된 모습이다.

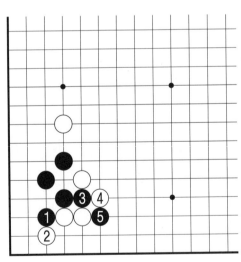

그림10

그림10(기세의 진행)

흑❶로 젖히면 백은 당연히 ②
로 젖힐 것이다. 계속해서 흑은
❸, ❺로 끊게 되는데…

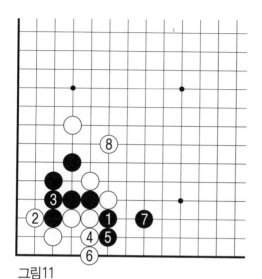

그림11

그림11(필연적인 수순)

흑❶로 끊으면 백은 ②로 단수 친 후 ④로 보강하는 것이 올바른 행마법이다. 흑은 ❺를 선수한 후 ❼로 한 칸 뛰게 되며, 백은 ⑧로 씌워서 전체 흑을 공격하게 된다. 계속해서…

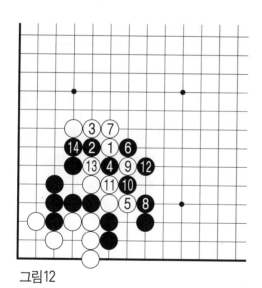

그림12

그림12(큰 패)

백①로 씌우면 흑은 ❷로 찌른 후 ❹에 젖히는 것이 백의 허술함을 찌르는 요령이다. 계속해서 백⑤로 뻗고 이하 흑❶❹까지 큰 패의 형태가 발생한다.

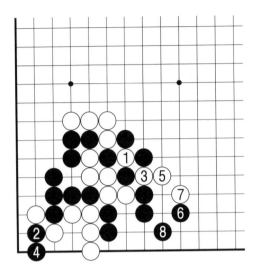

그림13

그림13(정석 완성)

백①로 패를 따내면 흑은 ❷로 끊는 패를 쓸 수밖에 없다. 백은 ③으로 패를 따내고 흑❹ 이하 흑❽까지 큰 바꿔치기의 형태가 이루어지는데, 전형적인 세력 대 실리의 갈림이 된다.

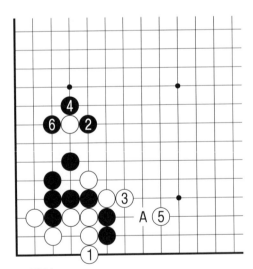

그림14

그림14(흑의 변화)

백① 때 흑은 복잡한 변화를 피해서 A에 두지 않고 ❷로 붙이는 수도 가능하다. 흑❷라면 백③으로 뻗는 것은 당연한 기세이며, 이하 흑❻까지 정석이 일단락된다.

전투형 정석

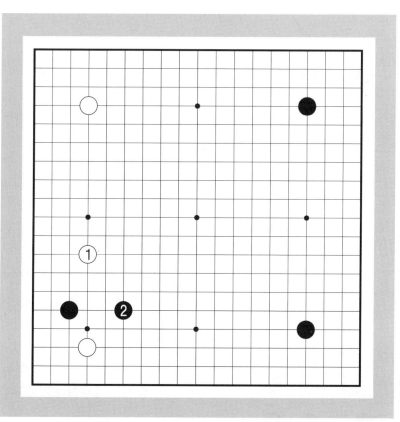

백① 때 흑❷로 두 칸 뛰면 전투가 벌어지는 것은 당연한 돌의 흐름이다. 흑❷의 두 칸 뜀은 호전적인 기풍의 소유 자에게 어울리는 정석 선택이라고 할 수 있다. 그럼 흑❷ 이후의 정석 변화를 검토해 보기로 한다.

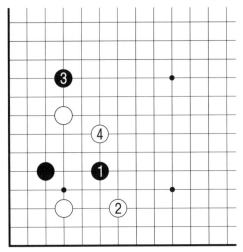

그림1

그림1 (정석)

흑❶로 두 칸 뛰면 백②로 받는 수는 가장 보편적이다. 계속해서 흑❸으로 다가선 수가 흑❶로 받았을 때부터 생각해 두었던 공격 수단. 백은 ④로 날일자해서 역시 전투형으로 맞서게 되는데…

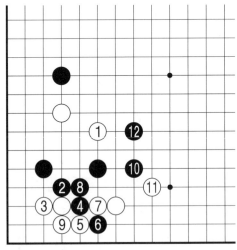

그림2

그림2 (난해한 진행)

백①에는 흑❷로 마늘모 붙여서 형태를 정비하는 것이 요령이다. 계속해서 백③으로 뻗고 이하 흑⓬까지가 예상되는 진행인데, 피차 어려운 싸움이다.

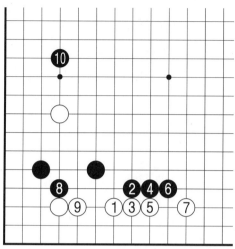

그림3

그림3 (날일자 씌움)

백① 때 흑❷로 씌운 것은 이
곳을 더욱 강화시킨 후 좌변 백
한 점을 공격하겠다는 뜻이다.
계속해서 백③, ⑤로 받은 것
은 먼저 실리를 차지하고 두겠
다는 뜻으로 이하 백⑨까지가
기본 정석이다. 흑❿ 이후 백
한 점의 수습 여부가 국면의 유
불리를 결정짓게 된다.

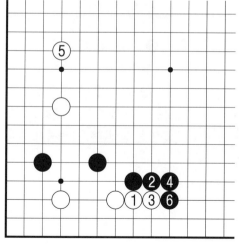

그림4

그림4 (백의 변화)

백①로 밀고 이하 흑❹까지 진
행되었을 때 백은 좌변을 중시
해서 ⑤에 두 칸 벌리는 변화도
가능하다. 그러나 흑❻으로 막
는 자세가 워낙 두터워 흑도 충
분히 둘 수 있는 모습이다.

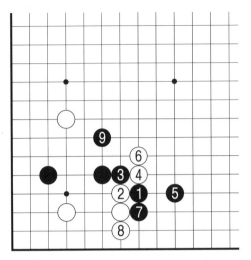

그림5

그림5 (맞끊음)

흑❶로 씌웠을 때 백은 ②, ④로 맞끊어서 대응하는 수도 가능하다. 계속해서 흑❺는 상용의 행마법이며, 이하 흑❾까지 치열한 난투전이 된다.

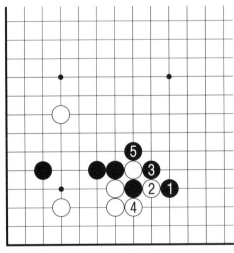

그림6

그림6 (백, 불만)

흑❶로 한 칸 뛰었을 때 백②로 단수치는 것은 속수이다. 흑은 ❸으로 맞단수치는 것이 좋은 수로 백④ 때 흑❺로 막아 중앙을 봉쇄해서 대만족이다.

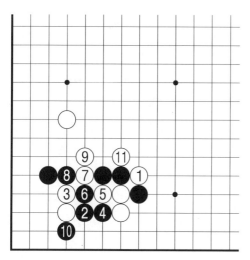

그림7

그림7(흑의 변화)

백①로 끊었을 때 흑은 ❷로 붙여서 백의 응수를 물을 수도 있다. 계속해서 백③으로 뚫고 이하 백⑪까지의 진행은 피차 기세이다. 이 형태는 흑의 실리와 백의 세력이 잘 어울린 모습이다.

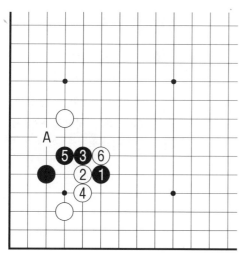

그림8

그림8(적극적인 절단)

흑❶ 때 백은 ②로 붙인 후 흑❸, ❺ 때 ⑥으로 절단하는 적극적인 수단도 가능하다. 수순 중 흑❺로는 A에 두는 것도 가능하다.

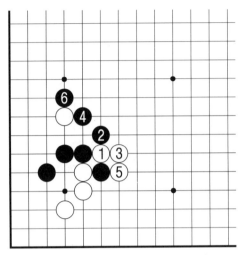

그림9

그림9 (정석)

그림8에 계속되는 진행이다. 백
①로 끊으면 흑은 ❷로 단수친
후 ❹로 호구치는 것이 수순.
계속해서 백⑤로 잡는다면 흑
도 ❻으로 호구쳐서 충분한 모
습이다.

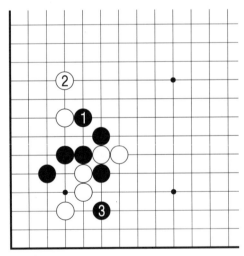

그림10

그림10 (백의 반발)

흑❶로 호구쳤을 때 백은 ②로
한 칸 뛰어 반발하는 것이 보통
이다. 백②라면 흑은 ❸으로
한 칸 뛰어 백의 약점을 찌르게
된다. 계속해서…

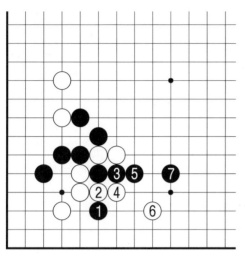

그림11

그림11(정석)

흑❶로 한 칸 뛰면 백은 ②로 단수친 후 이하 ⑥까지 형태를 정비하는 정도이다. 흑은 자연스럽게 중앙을 두텁게 만들어서 충분한 형태이다.

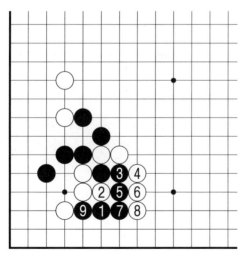

그림12

그림12(백, 무리수)

흑❶ 때 백②로 단수친 후 ④로 막는 것은 무리수이다. 얼핏 백⑧까지 공격해서 흑이 불리할 것 같지만 흑에겐 ❾로 찌르는 수단을 준비해 두고 있다. 계속해서…

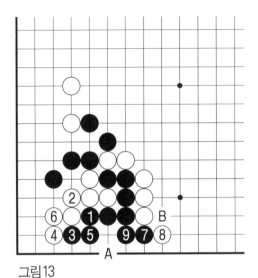

그림13

그림13(백, 곤란)

흑❶로 찌르면 백은 ②로 이을 수밖에 없는데, 흑❸, ❺로 젖혀 잇는 것이 요령이다. 백④, ⑥으로 응수할 때 또다시 ❼, ❾로 젖혀 이으면 A와 B를 맞보기로 해서 백이 곤란한 모습이다.

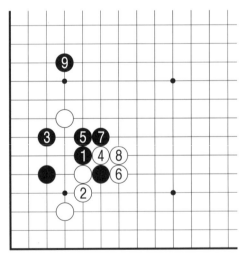

그림14

그림14(흑의 변화)

흑❶, 백② 때 흑은 ❸으로 한 칸 뛰어 두는 변화도 가능하다. 계속해서 백④로 끊는다면 흑❺로 뻗는 것이 행마의 요령. 계속해서 백⑥으로 단수치고, 이하 흑❾까지가 기본 정석이다.

276

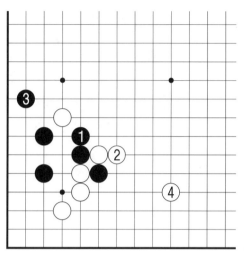

그림15

그림15(백의 변화)

흑❶로 뻗었을 때 백은 단수치
지 않고 ②로 뻗는 수도 가능하
다. 백②라면 흑은 ❸으로 날
일자해서 견실하게 두는 것이
요령이다. 백④로 전개해서 정
석이 일단락된다.

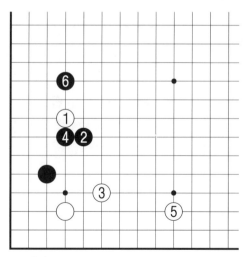

그림16

그림16(밭전자 행마)

백①로 협공했을 때 흑은 ❷로
밭전자 행마해서 두는 변화도
가능하다. 흑❷라면 백③으로
받는 것이 가장 간명하다. 계속
해서 흑❹로 막고 백⑤, 흑❻
까지가 기본 정석이다.

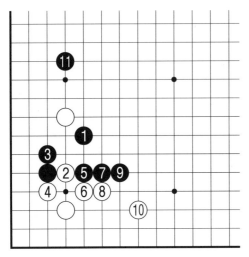

그림17

그림17(백의 변화)

흑❶ 때 백은 ②로 붙여서 변화할 수도 있다. 백②라면 흑❸으로 뻗고 이하 흑⓫까지가 기본 정석으로 되어 있다. 이 역시 쌍방 충분히 둘 수 있다.

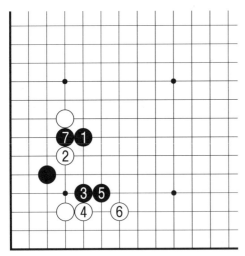

그림18

그림18(흑의 의도)

흑❶ 때 곧장 백②로 급소를 찔러가는 것은 좋지 않다. 흑은 ❸, ❺를 선수한 후 ❼로 뚫어서 백 한 점을 악수로 만들 수 있다.

278

눈목자 걸침

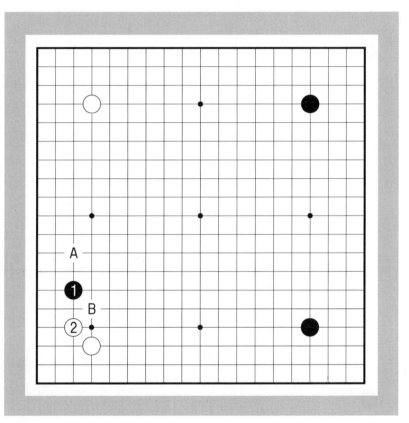

흑❶처럼 눈목자로 걸치는 수는 상대의 공격을 완화시키겠다는 뜻이다. 백②로 받은 것은 실리를 중시한 수법이며, 백②로는 A와 B에 두는 수도 가능하다.

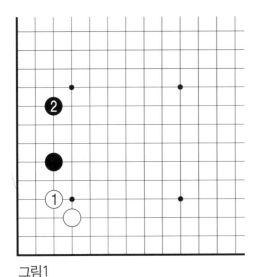

그림1

그림1(정석)

백①로 받으면 흑은 ❷로 두 칸 벌려 안정하는 것이 시급하다. 이 형태는 가장 간명하면서도 기본 정석에 해당한다.

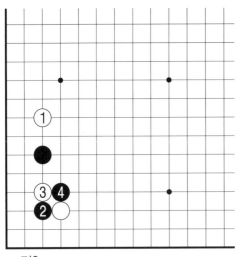

그림2

그림2(백의 협공)

백①로 협공하는 수는 좌변을 중시하고자 할 때 가능한 수단이다. 백①로 협공하면 흑은 ❷로 붙인 후 백③ 때 흑❹로 끊는 것이 상용의 수습법이다.

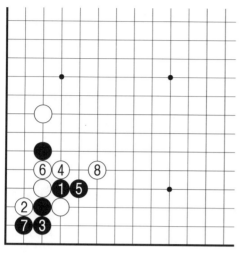

그림3

그림3 (필연적인 수순)

흑❶로 끊으면 백은 ②, ④로 단수친 후 ⑥으로 잇는 것이 수순이다. 계속해서 흑❼은 근거의 급소로 놓칠 수 없는 요소점이며, 백⑧은 중앙을 두텁게 하는 수단이다.

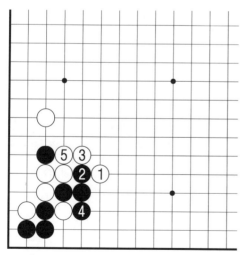

그림4

그림4 (정석 완성)

백①로 씌우면 흑은 ❷로 찌른 후 ❹에 단수치는 것이 좋은 수이다. 백⑤로 이어서 정석이 일단락되는데, 쌍방 불만 없는 기본 정석에 해당한다.

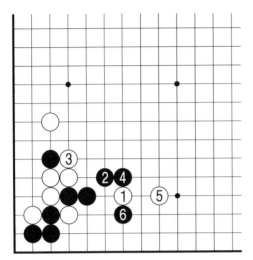

그림5

그림5(백의 변화)

백은 그림3처럼 씌우지 않고 ①로 다가서서 두는 변화도 가능하다. 계속해서 흑❷로 진출하고 이하 흑❻까지가 기본 정석이다.

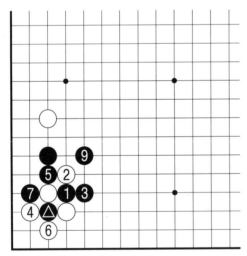

그림6

그림6(수순 착오)

흑❶로 끊었을 때 백②를 선수한 후 백④로 단수치는 것은 수순 착오이다. 흑은 한 점을 잇지 않고 ❺로 끊는 것이 좋은 수이다. 백⑥으로 따낼 수밖에 없을 때 흑❾까지 장문 씌우면 흑이 우세한 결말이다.

(백⑧ … 흑▲)

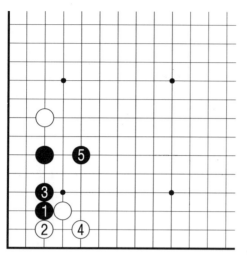

그림7

그림7(백, 기세 부족)

흑❶ 때 백②로 젖히는 것은 기백이 부족한 수이다. 흑은 ❸으로 뻗은 후 백④ 때 흑❺로 한 칸 뛰어 좋은 모양을 구축할 수 있다.

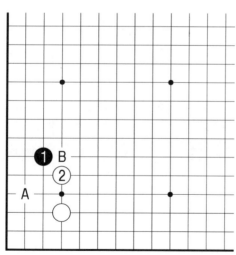

그림8

그림8(하변을 중시)

흑❶ 때 백은 ②로 어깨짚어서 두는 수도 가능하다. 백②는 하변을 중시하고자 할 때 두는 것이 보통이다. 계속해서 흑은 A에 날일자해서 실리를 중시할 것인지 아니면 B에 두어 좌변을 중시할 것인지 선택하게 된다.

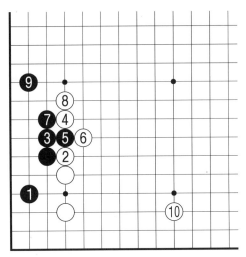

그림9

그림9(정석)

흑❶로 날일자한 것은 실리를 중시한 수이다. 계속해서 백②로 밀고 이하 백⑩까지 일단락인데, 피차 불만 없는 갈림이다.

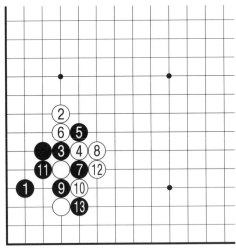

그림10

그림10(백의 변화)

흑❶ 때 백은 ②로 씌워서 두는 수도 가능하다. 이때는 흑❸, ❺로 절단하는 것이 요령이다. 계속해서 백⑥으로 끊고 이하 흑⓭까지 세력 대 실리의 갈림이 되는데…

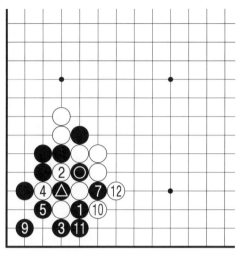

그림11

그림11(정석)

그림10에 계속되는 진행이다. 흑❶로 끊으면 백은 ②로 따내게 되는데, 흑❸ 이하 백⑫까지가 기본 정석이다. 이 형태는 전형적인 세력 대 실리의 갈림이다.

(백⑥ … 흑▲, 백⑧ … 흑◎)

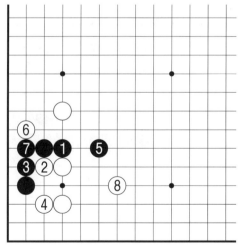

그림12

그림12(백의 변화)

흑❶ 때 백은 ②로 찌른 후 ④에 두는 변화도 가능하다. 계속해서 흑❺로 한 칸 뛰고 이하 백⑧까지가 예상되는 진행인데, 피차 충분히 둘 수 있다.

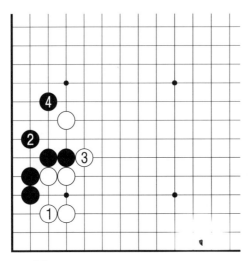

그림13

그림13 (흑의 안정책)

앞그림의 수순 중 백①때 흑❷
는 재빨리 안정을 취하겠다는
뜻이다. 계속해서 백③으로 젖
히고 흑❹로 진출하기까지 일
단락이다.

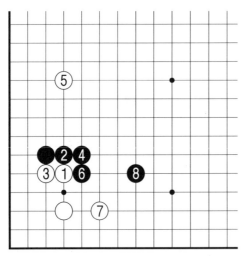

그림14

그림14 (중앙을 중시)

백①때 흑은 ❷로 밀어올리는
수도 가능하다. 흑❷는 중앙을
중시하겠다는 뜻이다. 계속해서
백③으로 막고, 이하 흑❽까지
가 기본 정석이다.

정석 모르고 바둑 두지마라

2016년 8월 20일   2판 1쇄 발행

지은이 * 전원바둑연구실
펴낸이 * 남병덕
펴낸곳 * 전원문화사

07689 서울시 강서구 화곡로 43가길 30. 2층
        T.02) 6735-2100   F.6735-2103
E-mail * jwonbook@naver.com
등록 * 1999년 11월 16일   제 1999-053호